华夏智库·新经济丛书

XINJINRONG
SHENGTAIQUAN

新金融生态圈

王 慧　肖良林◎著

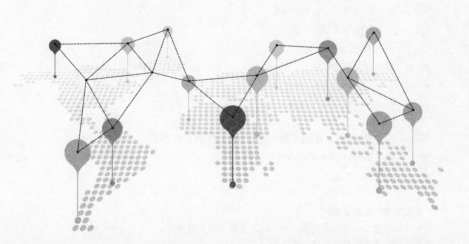

经济管理出版社
ECONOMY & MANAGEMENT PUBLISHING HOUSE

图书在版编目（CIP）数据

新金融生态圈/王慧，肖良林著.—北京：经济管理出版社，2016.12
ISBN 978 - 7 - 5096 - 4695 - 3

Ⅰ.①新… Ⅱ.①王…②…肖 Ⅲ.①金融网络—研究 Ⅳ.①F830.49

中国版本图书馆 CIP 数据核字（2016）第 262346 号

组稿编辑：张　艳
责任编辑：赵喜勤
责任印制：黄章平
责任校对：王淑卿

出版发行：经济管理出版社
　　　　　（北京市海淀区北蜂窝 8 号中雅大厦 A 座 11 层　100038）
网　　址：www. E – mp. com. cn
电　　话：(010) 51915602
印　　刷：北京晨旭印刷厂
经　　销：新华书店
开　　本：720mm×1000mm/16
印　　张：11
字　　数：156 千字
版　　次：2017 年 1 月第 1 版　2017 年 1 月第 1 次印刷
书　　号：ISBN 978 – 7 – 5096 – 4695 – 3
定　　价：36.00 元

前　言

巴菲特说："资本动力学决定了竞争对手会不断进攻那些高回报的商业'城堡'。一家真正伟大的公司必须有一条坚固持久的'护城河'，保护它的高资本回报率。"那么，互联网金融的"护城河"是什么呢？是金融生态圈。尤其是在整个互联网金融市场如今已逐渐形成一个多产业生态圈的形势下，任何一家互联网金融企业都无法形成一家独大的局面，只有积极加入到构建新金融生态圈的队伍当中，与各方积极配合，共同努力，对新金融生态圈的建设贡献一份力量，才能促进整个互联网金融行业健康有序地发展。

事实上，随着金融资源的掠夺性浪费和金融环境的毁灭性破坏，创建"金融安全区"，打造"金融生态环境"，维护"金融生态"平衡已不仅是金融界的忧虑和呼吁，更是社会各界的共同愿望和行动。"金融生态"已经成为社会经济发展的一大关键词。

国内最早提出金融生态理论的是中国人民银行行长周小川，他在认识到中国金融改革的艰巨性和复杂性的情况下提出改善金融生态的思想。"金融生态"是一个非常重要且具有创造力的仿生学概念，它借用生态学的理论，为我们理解金融体系的运行及其同社会环境之间的相互依存、彼此影响的动态关系，提供了新的科学视角。它以比较完整且科学的分析结构告诉世人：金融体系绝非独立地创造金融产品和金融服务的系统，它的运行更广泛地涉及其赖以活动的区域的政治、经济、文化、法治等基本环境要素，更涉及这种环境的构成及其变化，以及它们导致的主体行为异化对整个金融生态系统造成的影响。因此，管理金融风险，提高金融效率，应当成为一个全社会共同努力的目标，而且从生态学的观点来看，通过完善金融生态环境来提高金融效率和管理金融风险，可能具有更为根本的意义。

基于这个理论的基本原理，本书从以下六章进行阐述：

第一章"互联网技术渗透加强，新金融生态圈渐现"，阐述了当前互联网金融业务发展的凶猛势头，并强调传统产业重构传统架构和商业模式的重要性。

第二章"新金融生态圈：金融要素市场化、金融主体多元化、金融产品快速迭代"，重点解析新金融的金融要素市场化、金融主体多元化、金融产品快速迭代的市场表现，强调构建新金融生态圈必须注重风控构建、创新服务及行业渗透与融合。

第三章"互联网金融生态圈：资金和资产＋顶层设计＋行业自律＋企业自身建设＋用户交互"，分别解构互联网金融生态圈中资金和资产、顶层设计、行业自律、企业自身建设、用户交互的作用。

第四章"银行新金融生态圈：银行改革与金融生态圈建设"，展示了中国工商银行、中国建设银行、中国银行、中国农业银行、交通银行等建设移动金融生态圈的创新成果。

第五章"社区新金融生态圈：互联网金融新常态"，通过平安银行"口袋社区"智能O2O平台、花样年围绕社区服务展开业务、万科布局社区金融、幸福绿城APP的O2O社区金融服务与起步金融化等案例，试图反映社区新金融已成为互联网金融新常态。

第六章"农村新金融生态圈：打造互联互助农村金融生态圈"，用案例

证明了构筑农村新金融生态圈是全面落地"互联网＋现代农村"的必然
选择。

　　本书依据周小川金融生态理论对"新金融生态圈"进行了论述和实证，
理念前沿，论述有据，案例充分，逻辑清晰，便于普及并具有指导意义。适
合金融企业、监管部门以及机构投资者和个人投资者阅读。

目　录

当前互联网金融业务发展势头凶猛，"互联网＋"与资产管理行业的融合也日渐深入，创新产品层出不穷，传统金融机构需要利用大数据、人工智能、云计算等互联网技术来推动资产管理行业的快速发展，更需要围绕客户的个性化需求和体验来创新设计基金产品，提升互联网化的软件和服务环境。随着互联网技术的不断深入，传统产业谋求转型的意愿日渐增强，如何重构传统架构和商业模式，成为各行业面临的普遍问题。

构建新金融生态圈必须从弄清基本概念入手。传统金融业务与互联网技术融合后，通过优化资源配置与技术创新，产生的新的金融生态、金融服务模式与金融产品，即为新金融，其市场表现为金融要素市场化、金融主体多元化、金融产品快速迭代。而对于互联网金融，可以借助专家给出的公式进行解读。构建新金融生态圈必须注重风险控制、创新服务以及行业渗透与融合。此外，要想使新金融发挥更大的作用，应该在监管方面注意适度与创新。

第三章　互联网金融生态圈：资金和资产 + 顶层设计 + 行业自律 + 企业自身建设 + 用户交互·····················59

互联网金融生态圈往往与互联网平台紧密相连，其本身拥有较强的互联网运营能力，在顾客转化以及线上渠道合作方面优势明显，较早地构建了自己的生态圈。解构互联网金融生态圈，可以发现资金端和资产端是互联网金融不可或缺的两端，同时，互联网金融需要监管部门的顶层设计，企业和行业方面的信息披露以及产品登记等自律都不可或缺，还要注重用户交互，努力构建场景生态圈。

第四章 银行新金融生态圈：银行改革与金融生态圈建设 ········ **81**

银行互联网化已全面开花，无论是国有银行/全国性商业银行，还是城商行/区域性银行，都在频频"触网"。其中，中国工商银行、中国建设银行、中国银行、中国农业银行、交通银行作为先锋，效果显著。从各家银行的互联网战略来看，无论是开通直销银行、自建电商、开通手机银行新功能，还是拓展移动支付新场景，其最终目的都是打造一个以互联网为背景、基于移动端的、全方位的移动金融生态圈。

第五章 社区新金融生态圈：互联网金融新常态 ·················· **105**

社区电商带来的可观的大数据积累，对于发展社区金融意义重大。因为电商平台拥有众多中小微企业这个庞大的供应商群体，但这些企业或个体却普遍面临融资困境，而电商平台可以通过建立自己的支付终端服务，有效地解决这一问题。从这个意义上说，在社区既玩电商又做金融，是未来社区的发展趋势。事实上，具有这种功能的"社区电商＋社区金融"模式已经出现，如平安银行"口袋社区"智能 O2O 平台、花样年围绕社区服务开展业务、万科布局社区金融、幸福绿城 APP 的 O2O 社区金融服务与起步金融化等。社区新金融已成为互联网金融新常态。

第六章 农村新金融生态圈：打造互联互助农村金融生态圈 …… 133

加速推进"互联网 + 现代农业"的关键，在于如何让广大农户以及农村经济体以最自然的方式"拥抱"互联网。互联网不仅是一张信息的网，这张网还有助于构筑崭新的农村新金融生态圈。事实上，与农村生产、生活息息相关的一些金融信息化服务，正在为"互联网 + 现代农村"的全面落地打开缺口。在这方面，有新兴金融平台瞄准农村市场，更有银行机构布局农村新金融生态圈的各种创新。

第一章　互联网技术渗透加强，
新金融生态圈渐现

当前互联网金融业务发展势头凶猛，"互联网＋"与资产管理行业的融合也日渐深入，创新产品层出不穷，传统金融机构需要利用大数据、人工智能、云计算等互联网技术来推动资产管理行业的快速发展，更需要围绕客户的个性化需求和体验来创新设计基金产品，提升互联网化的软件和服务环境。随着互联网技术的不断深入，传统产业谋求转型的意愿日渐增强，如何重构传统架构和商业模式，成为各行业面临的普遍问题。

互联网技术能够大大促进资产管理
行业市场体量的扩大

目前，包括云计算、大数据等互联网技术正在逐步渗透到金融行业，帮助传统金融行业改变和演进。互联网技术极大地促进了资产管理行业市场体量的扩大。我们先来看下面的相关数据。

据智信资产管理研究院统计显示，截至 2014 年底，我国包括银行理财、信托、保险、券商资管、公募基金以及基金子公司在内的资产管理行业管理资产规模合计达到 57.5 万亿元，较 2013 年底的大约 40 万亿元增长 42%。其中，银行业金融机构理财产品余额达到 15.3 万亿元；信托公司管理资产规模 13.98 万亿元；保险总资产 101591.47 亿元；券商受托资金规模 7.95 万亿元；基金业管理资产合计 66811.36 亿元。

资产管理行业管理资产规模到 2015 年末有了新的增长。2016 年 4 月 6 日，中国光大银行与波士顿咨询公司（BCG）联合发布的《中国资产管理市场 2015：前景无限、跨界竞合、专业制胜、回归本源》指出，截至 2015 年底，中国各类资产管理机构管理资产总规模达到 93 万亿元，过去 3 年复合增长率 51%。有分析认为，在国家经济保持中高速发展目标，以及技术进步、监管完善和银行业主动转型的推动下，资产管理行业将继续保持较快增长。预计到 2020 年，中国资产管理市场管理资产总规模将达到 174 万亿元。其中，剔除通道业务后规模约 149 万亿元，2015~2020 年的年均复合增长率为 17%。

从上述相关数据不难看出，互联网技术促进了资产管理行业市场体量的扩大，这意味着中国大资产管理时代已经到来。

◈ 互联网技术给资产管理行业带来的改变

2016 年 4 月 6 日，中国光大银行与波士顿咨询公司（BCG）在北京发布《中国资产管理市场 2015：前景无限、跨界竞合、专业制胜、回归本源》报告（以下简称"报告"）。报告指出，互联网和新技术已经在资产获取及投资管理、分销及财富管理、资产服务等各环节对资产管理产生了实实在在的影响，并催生出一系列创新的业务模式。

报告认为，互联网、移动互联网的普及，以及大数据、云计算等新技术的广泛应用，为资产管理行业带来了巨大的影响。一是降低了信息的不对称性，产品信息和研究信息可以利用互联网快速传播，客户和资产管理机构获取的信息趋同，获取信息的成本也大大降低。二是提高了信用违约成本，互联网快速提升了信用信息的透明度和可得性，提高了融资方违约的成本。三是降低了行业壁垒，加速金融与非金融的深度融合，使得非传统金融机构依靠渠道和场景优势有更大的机会跨界进入资产管理领域。四是改变了生产的资源配置流程，过去市场资源配置依赖于价格信号调控，难免存在滞后与错配，现在借助互联网、大数据，客户需求更加凸显，资产管理机构能够更实时、更直接地获取细分的客户群体偏好，提供定制化的服务。前两点变化对以信息和信用为生存基础的金融行业带来直接冲击，第三点加剧了行业竞争，第四点则要求资产管理机构重新审视金融资源的布局，报告中也这样强调。当然，新技术改变不了金融的核心问题，即风险并没有被消除。只要仍存在金融资源的跨期、跨区配置，风险就仍然存在，而资产管理机构的专业价值也就仍然存在。

上述四点影响具体到资产管理价值链上，从资产获取到分销，再到资产服务，各个环节的展业方式均由于新技术的"赋能"而发生了深刻的变化，如表1-1所示。

表1-1　新技术改变资产管理行业的关键特征

行业特征		过去	未来
资产获取、投资管理	基础资产构成	·中心化的、成熟阶段企业，大额资产为主	·去中心化的、小额资产，如小额贷款，初创企业股投
	资产估值方式	·基于硬件、实体资产的估值	·基于信息、软件、服务的估值
	风险管理方式	·基于抵押、资产负债表、现金流	·基于大数据
	投资决策方式	·基于专业人员的判断	·基于数据、量化分析、机器人决策
产品分销、财富管理	分销方式	·基于传统网点、中介的分销	·基于电子渠道、移动端的直销
	投资人参与方式	·依靠专家、被动接受	·依靠网单，自主决策
	投资人的体验	·门槛高、定制化成本高、透明度低	·门槛低、定制化成本低、透明度高
资产服务	服务对象	·服务传统资管机构	·服务新兴资产管理平台
	服务方式	·基于传统核心系统、自动化程度低	·基于云、自动化程度高、成本低

第一，资产获取、投资管理环节。

一是新技术改变了基础资产的构成。过去的资产标的往往规模较大、趋于集中，如大企业贷款、大型项目等。新技术的发展通过新的渠道和新的风险管理手段，使一些过去不存在或没有纳入资产管理体系的基础资产也能被收录其中，如 P2P 模式下的小额贷款、股权众筹模式下的初创企业股权等，从而推动了资产管理基础标的的去中心化和分散化，也扩大了整体基础资产池。

二是新技术改变了资产估值的方式。工业时代的基础资产估值通常基于硬件和实体资产的价值，比如生产线、厂房等，关注的是企业的资产负债表和现金流。信息时代的基础资产估值则是基于软件、数据、网络、服务的价值，关注的是关系链、数据和生态系统。这一趋势不仅存在于新兴产业中，甚至传统产业也纷纷开展服务化、软件化转型。例如，飞利浦从照明设备生产商转型为智能照明系统服务提供商，盈利模式也从耗材销售收入转为服务费用收取，其 LED 灯可免费安装，但通过智能照明系统节省电费，以节省部分分成。由此，对这类企业的资产价值和现金流预测方式也需要相应改变。

三是新技术改变了风险管理的方式。过去的风险管理主要是通过抵质押物、现金流等来进行判断和控制。信息时代的风险管理手段则更加多元和立体，借助海量数据进行风险的识别和预判。虽然基于大数据的征信模型才刚刚起步，有待成熟，但其长远价值不容小觑，甚至连传统征信巨头 FICO 也推出了大数据分析产品 Big Data Analyzer。

四是新技术改变了投资决策的方式。过去的投资决策更多依靠专业投资顾问的经验，新技术的发展则使投资决策更多地依靠数据、量化分析，甚至机器人决策，从而更好地避免因人的情绪或感情对投资决策造成影响，保证策略和执行的一致性和连续性，同时还能以更快的速度和更低的成本实现规模化与定制化的平衡。比如，Betterment、WealthFront 等在线财富管理平台就是利用自动化系统，针对客户的具体需求快速定制投资组合。一些传统的财富管理巨头也推出了类似的解决方案。

第二，产品分销、财富管理环节。

一是新技术改变了分销方式。过去的投资产品主要依靠金融中介的实体渠道（如银行网点）进行分销。由于覆盖网点和人员的成本较高，金融中介往往不得不提高投资门槛或收取较高费用。新技术的发展使投资产品的分销更多地转移至 PC 端、移动端的直销渠道，大幅降低了分销成本，因而也降低了投资理财的门槛，吸收了更多原本难以进入资产管理体系的小额资金和零散资金。比如，东方财富旗下的天天基金网 2014 年实现基金销售 2000 亿元，2015 年仅上半年基金销售额就急速上升至 4000 亿元，基金销售规模堪比四大行（中国工商银行、中国农业银行、中国银行 、中国建设银行简称中国四大行，其代表着中国最雄厚的金融资本力量。此外还有"五大行"之说，即原四大行加上交通银行）。

二是新技术改变了投资人的参与方式。过去的投资决策通常依靠专业投资顾问的权威意见，普通投资人更多的只是被动接受。现在，专业金融机构在信息与产品领域的"权威性"及"特许供应"地位已经相对弱化，投资人日益习惯于主动获取信息，更愿意相信自己的判断或朋友的推荐，并且希望决定和主导投资决策。这是互联网带来的平等、民主精神对资产管理行业的一种改造。比如，Motif、雪球网这类社群化运营的投资平台正是很好地把握并进一步促进了投资人的这种行为转变。

三是新技术改变了投资人的体验。分销方式的改变和投资人参与方式的改变直接促进了投资人体验的提升：首先，投资门槛大幅降低，从数万数十万元降至数百数千元，甚至"1 元"。其次，产品购买流程更加简单便捷，从必须在工作时间到线下网点进行风险评估，以及填写大量表格开户、交易，到只用几分钟和几步流程即能实现随时随地线上开户和交易。再次，普通客户也能享受定制化服务：通过快速的数据分析和匹配，根据客户需求提供定制化服务不再仅由高端客户专享，而是能够在成本可控的基础上提供给几乎所有客户。最后，投资透明度显著提升：通过在线平台，投资人可以轻松比较不同标的和产品并作出选择，对已投资的标的和产品，也能实时查看运行状况、还款情况、收益情况等。综上所述，投资人对资产管理机构的预期已随着客户体验的提升而彻底改变。

第三，资产服务环节。

一是新技术改变了服务对象。以前，资产服务机构所服务的对象基本以传统金融机构为主，成熟市场由于拥有发达的独立投资顾问体系，也服务于大量的经纪人或独立顾问。现在，新技术所培育的大量创新业态也开始成为资产服务的对象，例如针对第三方支付平台的资金托管、针对在线销售的货币基金的托管、针对 P2P 平台和众筹平台的资金托管等。这类业务目前也已成为资产服务机构一大新的业务增长点。

二是新技术改变了服务方式。对大部分机构来说，服务对象的改变还只是刚刚开始，影响有限，但服务方式则已经发生了全面而深刻的改变。以前，托管、清算、运营服务往往依靠的是电话、传真和人工手动，不仅成本高、效率低，而且操作风险比较高。新技术环境下的服务体系则是以云计算和数据为基础，服务方式逐步向电子化、自动化、线上化转型，从而实现了低成本、高效率、高灵活性以及风险可控。比如，富达（Fidelity）就推出了专为资产管理机构及投资顾问服务的线上平台 Fidelity Institutional Wealth Services，招商银行也推出了专门服务资产管理机构的全功能网上托管银行。

◈ 资产管理行业如何直面新技术带来的改变

不论传统资产管理机构是否愿意，互联网技术给资产管理行业带来的改变已切实发生并且不可逆转，那么传统资产管理机构应如何应对？与其被别人颠覆，不如自我变革。

第一，自我变革。

在资产管理价值链的三大环节上，分销及财富管理最早受到互联网和新技术的影响，这种影响也是最深远的影响。因此，专注于这一环节的资产管理巨头在应对创新模式的挑战方面表现最为积极。

嘉信理财（Charles Schwab）是一家总部设在旧金山的金融服务公司，成立于 30 年前，如今已成为美国个人金融服务市场的领导者。它不断发展新的业务和新的商业模式，堪称创新的典范，更为重要的是，其创新过程并未影响到公司的运营效率。2016 年 4 月，嘉信理财推出了自己的线上理财平台 Schwab Intelligent Portfolios。这一平台将客户的投资门槛从数万美元降至 5000 美元，使客户只需花喝一杯咖啡的时间即可快速完成简单的线上注册流程，但同时仍保持了嘉信财富管理服务的专业度，包括将客户资金配置到 20 个资产大类中、由系统自动为客户动态调整投资组合，以规避风险、保证收益，同时还为 5 万美元以上的客户提供原本只有高净值客户才能享受到的避税服务。更重要的是，所有这些服务全部免费，嘉信不从投资者端收取任何费用，这主要有以下两个原因：首先，其产品配置主要通过低成本 ETF 基金实现，节省了成本。其次，其收入主要来自投资收益和 ETF 供应商的渠道费，无须向投资客户收费。

2016 年 5 月，嘉信推出的线上智能投资组合平台 Institutional Intelligent Portfolios TM，由嘉信旗下的财富投资咨询公司发起，专为 RIAs（Registered Investment Advisers，拥有注册投资资格的顾问，一般为公司或个人）设计的一个线上智能投资平台。智能平台成立的目的是希望嘉信可以进入全新的细分市场，扩大业务规模，同时完善财富管理服务以及客户体验。嘉信认为通过技术实现自动化投资的过程，可以提高公司的效率和全方位的财富管理能力，从而服务更广泛的客户。

第二，要加大科技投入。

从长远来看，新科技的运用能帮助资产管理机构降低成本、提升效率，但前期的投资是难以避免的。建设私有云、新的投资平台、高质量的用户交互界面均需要大量投资，培养和吸引金融与科技并重的人才也需要投资。

全球领先的资产托管机构道富银行在过去 5 年里每年的科技投入均达到 8 亿~9 亿美元，占其营业收入的 8% ~9% 。自 2011 年开始，道富银行开始通过"私有云"建设来促进其 IT 系统转型。2011 ~2014 年，道富银行每年通过"私有云"项目实现 6.25 亿美元的成本节省，同时也通过"私有云"为客户提供了快速的计算和定制，并且有效地保护了客户信息和交易的安全。

第三，资产管理要为客户服务。

资产管理归根结底将回归"代客理财"，为客户服务。互联网时代，客户对金融机构的预期已大幅提升，当客户评判自己所接受的金融服务是否足够好时，其比较的对象不再是其他金融机构，而更多的是其在相似领域的经历和体验。比如，客户在使用在线投资平台或系统时，其参照物可能是购物网站便捷的流程和简明的页面设计；客户在使用理财机构的网点时，其参照物可能是零售店、咖啡店个性化的视觉体验和舒适的服务体验；客户在进行不同渠道之间的转换时，其参照物可能是数码产品便利的多屏互动和无缝切换。因此，客户对资产管理机构的预期已大大超越了目前的实践。

在互联网时代，客户转换成本几乎为零。传统资产管理机构如果不能认识到客户的这种转变，不以客户为中心，不从客户需求出发进行产品的研发和配置，不努力提升客户体验，则将导致客户预期与自身实践的严重脱节，最终很难留住客户。

第四，资产管理机构要努力打造生态系统。

未来，互联网会将云端的大数据分析平台的数据和分析能力送到普通投资者的手边，技术不再是壁垒。这样一来，普通投资者手中也能握有投资的利器，头脑好的投资者和团队甚至可以与机构同台竞争，为其自身或客户提供优秀的财富管理服务。

同时，互联网时代的分工更加细化和专业化，资产管理机构可以大量借助第三方的力量更高效、更专业地实现更出色的客户体验。比如，与第三方合作获取资产或客户，与外包系统服务商合作进行平台开发，与外部征信机构合作完善风险管理，与外部投资顾问合作提升资产配置能力和效率，与网银或第三方支付公司合作改善支付流程，与第三方财富管理公司或在线理财平台合作扩大分销网络等。

大数据技术改变投资方式，智能投资成为趋势

大数据技术正在改变当前的投资研究框架。大数据技术可以实现传统投资向科学投资和智能投资转变。其有利于创新投资管理模式，由机器自动收集市场信息，并通过自然语言处理技术阅读文本资料，自动更新投资研究报告。既可以利用机器学习挖掘市场投资价值，又能利用大数据分析技术构建个股的知识图谱，建立实体之间的属性与关系，实时生成调研报告，这样用户便可跟踪市场热点，迅速捕捉市场价值，提升研究效率。大数据时代投资方式正在发生改变，智能投资成为趋势。

❖ 人工智能领域已成投资"风口"

在 2016 年 3 月 9 日至 15 日在韩国首尔进行的韩国围棋九段棋手李世石与人工智能围棋程序"阿尔法围棋"（AlphaGo）之间的围棋人机大战中，比赛采用中国围棋规则，最终结果是人工智能阿尔法围棋以总比分 4:1 的成绩

战胜人类代表李世石。人工智能应用再一次轰动世界，也掀起了资本圈的轩然大波。

人工智能吸引着 IBM、谷歌、微软等国际科技巨头，或投资或收购相关公司。比如，获谷歌投资的语音搜索平台出门问问、红杉投资的模式识别公司格灵深瞳、智能机器人平台图灵机器人等。

国内 BAT 巨头也正加速布局人工智能领域，通过自身优势领域切入，用巨量资金引进人才和项目。其中，百度最早从语音语义、图像识别方面切入，并进军无人驾驶车领域，正在加速商业落地，百度大脑项目则号称已经达到 4 岁小孩水平。阿里巴巴则从手机淘宝开始规模使用个性化商品推荐，蚂蚁金服在金融领域的征信、保险、风控等场景推动智能计算应用。阿里云人工智能程序小 Ai 成功预测了《我是歌手》总决赛歌王，人工智能"洞察人心"的话题再度升温。

当然，人工智能的中国探路者远不止 BAT。事实上，来自企业和投资机构的资本早就在加码人工智能领域的投资。

2015 年，科大讯飞战略投资深圳优必选科技有限公司。优必选在运动控制方面实现自主研发与制造，人工智能与交互方面采用科大讯飞的技术。

2015 年 7 月，江南化工称拟向北京光年无限科技有限公司（代表产品是"图灵机器人"）增资 5000 万元，后者主要致力于人工智能深度学习的语义理解以及认知计算技术的研发和场景应用。

根据创投数据公司 Venture Scanner 的统计，截至 2015 年 9 月，全球人工智能领域获得投资的公司中，按照平均融资额度排名的前五大业务依次是机器学习（应用类）、智能机器人、计算机视觉（研发类）、机器学习（研发类）、视频内容识别等；从投资数量来看，全球范围内在人工智能领域投资最多的是英特尔投资（投资了 16 家 AI 公司），紧随其后的是 Techstars（14 家）、500Startups（12 家）、YCombinator（11 家）、Horizons Ventures（10

家）、Accel Partners（10 家）。

2016 年 1 月，昆仑万维公告称拟向 Woobo Inc. 投资 80 万美元，Woobo 是致力于开发人工智能技术驱动的交互式机器人的新兴企业。同年 3 月，昆仑万维公告称拟出资 300 万美元与其他方共同成立 Kunlun AI（"昆仑人工智能"），致力于为企业提供人工智能与大数据技术的行业解决方案。

2016 年 4 月，风险投资机构 StarVC 宣布投资中国深度学习领先企业商汤科技，进驻人工智能领域。在企业方面，专注于智能语音识别的公司云知声已完成数千万美元 B + 轮融资，未来将布局物联网人工智能服务，包括智能家居、车载、医疗、教育等领域。

2016 年 5 月，滴滴出行正式宣布其最新一轮融资取得重要进展，迎来了自己的"第三亿零一名乘客"，可称之为 G 轮：苹果以 10 亿美元入股滴滴，这成为除风投之外，中美科技公司之间罕见的一大动作。

由此可见，人工智能被科技界和投资界人士寄予厚望。

❖ 人工智能对传统金融业的改造机制

人工智能利用大数据的触角从金融、期货、经济等不同领域抓取信息和数据，将获得的信息反射回这些人工智能系统中枢进行筛选和分析，最终得出结论和决策，然后将这些结论和决策反馈给金融领域的机构和从业人员，从而形成一个类似人脑的"金融大脑"。

东兴证券联合新浪财经推出了充分结合传统价值投资理念以及互联网大数据技术的创新金融产品——东兴众智优选混合型基金，利用新浪财经大数据平台提供的用户大数据支持基金的投资决策，将传统的基本面选股策略与大数据量化选股策略融合。东兴新浪财经大数据选股策略历史回溯业绩良好，模拟收益大幅度跑赢市场主流指数。同时，管理该基金产品的基金经理程远将自行认购 100 万元，与投资者共担风险，同享收益。

事实说明，在人工智能的影响下，金融业将不再局限于"互联网＋金融"，而是逐渐向"互联网＋金融＋大数据＋人工智能"转变。人工智能起到串联起互联网、金融、大数据，实现更加智能的精确计算的作用。如此看来，本书前面案例中的"阿尔法围棋"和"股神"巴菲特一较高下的可能性也不是没有！

❖ 人机智能领域的投资创业机会

有实力的巨头旨在建立生态，从 AI 技术、整体解决方案、云平台，到硬件和产业都有完整的布局。生态之间是独立的，因而最强的巨头间是竞争关系，而上下游的软硬件提供者却有广泛的合作关系。广大的开发者可依附于生态做发展。

从生态发展和大公司的布局来看，人工智能生态尚处于早期阶段。目前两大方向是业界普遍看好的：

第一，结合行业数据训练后形成的场景化应用。

一是应用于医疗行业。拍片后的诊断以及各种化验单的检验结论，以前医生都是根据经验来诊断，历史上已经积累了足够多的样本，机器学习后也能掌握这种技能。

二是应用于金融行业。风险控制利用大数据计算，将不同来源的数据结构化地整合到一起，语义化地理解其中的风险点。

三是应用于零售业。机器学习来预测每款商品在未来时间段的销量，零售商释放库存管理压力。

类似的例子不胜枚举。深度学习技术使数据分析建模能力有了长足的进步，行业数据也有了积累，只要结合不同的行业数据训练，场景化应用机会非常多。

第二，用核心技术打造人工智能生态中的"生产工具"。

一是垂直领域的整体解决方案。无人驾驶、智能家具、工业机器人、儿童机器人，涉及的生态构成比较长，同时又有巨头公司在布局。其中能解决垂直领域中的核心问题从而产生可应用的整体解决方案的公司，将成为伟大的公司。

二是关键技术点突破。这些技术点包括图像、语音、自然语言语义、人机交互等。

三是核心硬件的突破。新的有技术含量的关键硬件是人工智能领域的关键。比如同一垂直领域中统一标准的传感器，像降低造价的 LIDAR。

四是 BaaS 服务。例如结合行业数据训练后形成的算法应用进一步形成垂直行业的场景标准化智能产品，服务于客户与开发者。

总体而言，在能使开发难度大大降低的云端智能和终端智能打通的工具平台与生态成熟之前，这个领域的创业机会只属于有技术能力的团队。

❖ 人工智能投资考验投资人的专业能力

有分析人士表示，国内人工智能的几大热门方向集中在模拟人脑的具体感知方面，例如图像识别、语音识别、语义理解和分析、人机对话、知识推理和分析等。另一个热点就是大数据的分析。在某些方面，用大数据的分析方法可能比逻辑推理更有效率。

当前，人工智能方面的学术研究方向多种多样，但具体到投资方面，投资人往往更喜欢有实际商业价值的东西。专业投资机构分享投资的副总裁曹强说："我觉得图像和声音识别更容易产生价值。比如我们最近投资了一家做车载语音声控软件的公司，叫深圳同行者科技。有了这个声控软件，你开车的时候就完全不用手操作，而是直接人机对话。你直接跟汽车说你要导航去哪里，你要听哪首歌曲，或者说你要听哪个电话，股市行情怎么样。这些技术已经逐步成熟，很快我们就可以享受到人工智能给我们带来的好处。"

人工智能火起来的同时，也开始考验投资人的专业水平和判断力，市场中许多鱼龙混杂的公司炒作人工智能概念，产品含金量的高低还有待考量。专业人士认为，资本的进入加速了技术发展，但如果一味追求技术概念而忘记了产品的商业本质，就会带来很大风险。因为毕竟这几十年来，人工智能的发展其实很缓慢。如果过于追求华丽的技术，也许在技术完善的那天到来之前，企业就已经破产了。当然市场上还有很多伪人工智能，其实并没有什么技术含量。如一些所谓的智能家居产品，其实只是解决了联网的问题，还谈不上人工智能。

总体来说，人工智能还不算是一项成熟的技术，还在不断发展之中，所以投资的风险会比较大。投资回报率的大小不仅取决于投资的周期，还取决于投资的价格，所以不能一概而论。这个行业的优势就是有非常大的想象空间，也是整个人类的追求。

综上所述，让机器模仿甚至超越人的行为和思考方式，让我们充满想象，而在火热的中国创投市场，投资者对人工智能行业充满期待。与此同时，应用前景广阔、科技含量高、投资回报周期长、技术迭代周期短等特点，令涉足该领域的资本同时面临着诱惑和风险，亦需要付出足够多的智慧和时间。

传统金融业要利用原有专业能力在
行业中率先实施"互联网＋"

由于信息社会的到来以及移动设备的普及，互联网正在进入价值互联网时代，随着垂直行业互联网化和O2O趋势的出现，传统金融业需要利用原有的专业能力并加紧和互联网的融合，在行业中率先实施"互联网＋"。例如资产管理行业可以通过互联网技术重新组织内部架构、业务流程和市场体系，深入融合移动互联网技术和云计算技术，将投资策略研究放到云端或者进行在线外包，为每一位客户提供全过程、全周期的服务等。互联网资产管理属于价值互联网，行业能力正在成为关键，如何在价值互联网时代突破现有的技术屏障获得资产管理行业新活力，将是行业转型的关键。

◈ 传统金融业与互联网结合将提升整个社会的金融服务水平

互联网金融的实质依然是金融，互联网只是工具。互联网金融颠覆的是商业银行的传统运行方式，而不是金融的本质。金融的本质在于提高社会资金配置效率。正是从这个意义上说，传统银行与互联网金融各有优势。传统金融业经历多年的发展历程后，也形成了很多难以替代的优势。具体体现在客户基础优势、服务网络优势、资金供给优势、风险管控优势和产品组合优势。互联网金融的优势在于创造力、大数据和后发优势。两者如果能巧妙结合、相辅相成，就能给消费者提供更加便捷、安全的金融服务。因此，传统金融与互联网金融实现优势互补，将成为大势所趋。整个社会的金融服务水平也将受益于此而跃上新的台阶。

事实上，在"互联网＋"风靡市场各领域时，传统银行也嗅到了变革的味道。各大银行开始纷纷"试水"互联网金融，加快自身创新步伐，寻找新的利益增长点。比如，中国工商银行率先向全国发布了互联网金融品牌"E－ICBC"，向互联网金融领域迈出一大步；农业银行青岛分行的一系列业务创新等也产生了很好的影响。

2015 年 3 月 23 日，中国工商银行在北京通过视频会议系统向全国正式发布了互联网金融品牌"E－ICBC"和一批主要产品，成为国内第一家发布互联网金融品牌的商业银行，这也标志着中国最大的商业银行已经全面加快了互联网金融战略的实施。

中国工商银行此次发布的"E-ICBC"互联网金融品牌主要包括："融E购"电商平台、"融E联"即时通讯平台和"融E行"直销银行平台三大平台；支付、融资和投资理财三大产品线上的"工银E支付"、"逸贷"、"网贷通"、"工银E投资"、"工银E缴费"等一系列互联网金融产品；"支付＋融资"、"线上＋线下"和"渠道＋实时"等多场景应用。

具有小额和快捷特点的新型支付产品"工银e支付"，经过一年的拓展，账户数超过5000万户，交易额650亿元，并发交易处理能力达到每秒1120万笔。

用于贵金属、原油等投资交易的"工银E投资"平台拥有客户超过15万户，是目前国内银行唯一面向个人投资者的产品交易平台。其针对年轻客户群体推出了"大学生E服务"，针对商旅客户打造了"商友俱乐部"平台，契合不同客户群体需求的差异化服务得到较快发展。

除了中国工商银行的"E-ICBC"及一批主要产品外，中国农业银行青岛分行立足于服务"三农"，展开了一系列的业务创新。通过"互联网＋蔬菜批发市场＋农户"的方式，开启了服务"三农"的新模式。同时，作为中国农业银行青岛分行业务转型的重要尝试，"超级柜台"在前期试点中也受到了广大市民的欢迎，实现了经济效益和社会效益的双提升。

还以农村土地经营权作抵押，为青岛胶州市铺集镇东庵马铃薯专业合作社发放首笔农地抵押贷款，解决了其土豆种植、收购、运输所急需的80万元资金缺口。同时，为其配套办理了智付通、惠农卡、电子商务平台等惠农服务产品，开启了服务"三农"新模式。

此外，还抓住人民币国际化不断加快的有利时机，大力推进跨境人民币业务发展，推广跨境参融通、跨境结售汇以及异币转通知等重点产品，打造丰富的跨境人民币业务产品体系，成效显著。

面对行业竞争与客户全新的发展需求，中国农业银行青岛分行也在积极寻求转型。据该行相关负责人介绍，在内部管理方面，中国农业银行青岛分行加强运管分离，通过完善运营管理体系建设，强化内部监督和风险管控，进而构建新型运营组织机构，2015 年 7 月，经中国农业银行总行审批同意，青岛分行正式成立运营后台中心，今后运营后台中心将作为直属机构，实行单列管理，接受分行运营管理部的业务指导，进一步提升业务集中处理能力，提高业务处理质效，更好地为岛城人民服务。

❖ 传统金融业与新进入者，既要竞争，又能合作

从互联网金融业务形态来看，整个产业链包括需求调研、标准化线上服务、大数据采集应用、流程审核、风险控制等环节。前面三个环节为互联网平台的擅长项，而后两个环节银行占线下优势。双方借助各自数据优势相互渗透，目前尚处于议价、整合、博弈阶段。产业金融与互联网的融合，将是实体经济与商业银行把握互联网发展机遇，重构产业金融价值链的共同选择。

互联网企业、传统金融业、实体产业在跨界竞争的同时，合作共赢模式也正在形成。依托互联网，实现金融网、物流网、商流网三网合一，可以有效地促进商业活动。例如，数据管理可以外包、信用卡发卡可以外包、贷款调查也可以外包，等等。在合作体系中，各方可保留自身的核心能力，运用合作联盟整合资源，最终实现价值创造最大化。

"互联网＋"概念为各行各业注入创新活力，无论是互联网巨头、实体产业，还是传统金融机构，都需要充分借助互联网，重新构建适合自己的商业模式和价值链。只有充分利用自身资源和能力，利用互联网大数据精准定位交易主体，快速、便捷地提供产品或服务，并有效控制风险，金融企业才能在未来竞争中抢占先机。

由于互联网技术的渗透，原有商业模式的要素正在发生根本性的变化，而传统金融所拥有的牌照、资金、规模优势等正在被互联网技术逐一瓦解。

只有通过学习和吸收互联网思维，在行业中率先实施"互联网＋"，用互联网技术重构行业的边界和游戏规则，才能创造更多价值。

传统金融行业需要尽快加入互联网
技术的变革进程中

传统金融行业需要尽快加入互联网技术的变革进程中，并利用社会资源和公共资源进行转型，同时从用户角度出发创新产品设计和功能，对技术进行迭代优化，积累流量和用户，将自身服务项目整合起来，以便逐步形成平台和生态。对于传统金融行业而言，转型是系统工程，需要用互联网思维和技术新建、重构公司的业务体系。

❖ 互联网技术带来的金融变革

互联网技术的发展使得金融变得更加多样化，也更加人性化。技术具备的巨大变革力量和魅力在于能够将今天的金融塑造为集精准性、包容性、高效率、低门槛和低杠杆等优秀特性于一体的未来金融。互联网技术带来了怎样的金融变革与创新？

第一，大数据技术减少了金融行为的不确定性。

虽然说大数据显得不够新鲜，但是我们还是要由衷地赞叹：大数据真是个好东西！尤其是它还有可能为我们带来收益！国外有大学实施的研究发现，通过推特消息可预测个股的涨跌情况。德国慕尼黑科技大学经济学家还推出了一家网站，它可以根据推特消息中包含的信息预测个股走势。

事实上，直到今天，金融业所依据的基本假设依然是"落后"的，即高收入水平者（富人）能够提供土地、房屋等有效担保，因而交易诚信度就高，穷人则反之。在此假设前提下，传统金融业经营越稳健、营利性越高，因此带来的穷者越穷、富者越富的"马太效应"就越严重。当实体经济活动不断网络化、动态化，各类网络平台记录的数以十亿计的"言"与"行"信息可被大数据技术分析时，传统金融业就可能摆脱必须以现有财富作为交易前提的羁绊。

在美国、英国，P2P 平台结合征信系统、社交网络、其他信息系统（如法院判决）的数据收集，为现有金融无法覆盖和服务的人群的贷款精确定价；运用大数据技术、容纳上万项指标的信用分析工具——ZEST 系统已开始商用。值得一提的是，凭借新一代信息技术，传统金融业还能更好地把握人类的心理性、社会性等因素，解决现代金融理论在解释和预测主观因素对金融行为影响方面的"不精准性"。

第二，新技术的高效率让行业规模增长提速。

金融业在探讨"大象"与"蚂蚁"的问题时，喜欢拿余额宝举例子。我们不谈规模，就只说说"效率"二字。

对比余额宝与传统机构的服务效率可见：发展了 20 多年的沪、深股市（A 股）有效账户数分别约为 6700 万和 6500 万，余额宝只用了半年时间使用户已突破 8100 万，以此客户数来论也可进入我国前五大银行（平均设立时间为 30 年以上）之列；与余额宝合作的天弘基金的规模，由业内排名倒数一跃成为国内第一，至少居全球前 15 位之列。

再看云计算和大数据时代的操作效率：天弘基金的资产组合管理能力被推向极限，资产的剩余期限相比而言最短，支持亿级有效用户，每秒实时交易数千笔，单日订单数亿笔；阿里金融单笔贷款操作成本仅需 2.3 元（银行一般为数千元以上），操作时间平均不到 10 秒，且"7 天×24 小时"全年不间断。

第三，动态化征信统计，你不再是"陌生人"。

金融业对企业融资历来拥有"合理"且"合法"的垄断地位，理由主要有两个：一是金融业的高资本投入，主要包括信息设备投资和专业人力资本投资，自然带来较高的经济性壁垒。二是为避免因纯粹竞争向无法准确定价的（劣质）客户放款等高风险行为，需要特许传统金融业通过垄断获取超额收益，这部分往往被视为补贴。互联网技术的蓬勃发展，弱化了上述两个理由存在的必要性，能够缓解由此引发的一些问题。

对于第一个理由，云计算将从根本上破除机构内部相关投入形成的专有资产壁垒。以按时按需付费或租赁等方式"拥有"云服务器的成本比自身投资可降低几十倍、几百倍甚至上万倍；CEP 引擎和量子算法、GPU 浮点并行运算技术可在数秒内对股票配比方案进行亿万次模拟推演。

国内外目前已出现了大量提供云计算能力租赁或运算咨询服务的新企业。除"硬"设备和手段之外，提供有价值经验判断的专业人力资本也是昂贵的。而旨在分享金融产品投资组合策略的社交化资产配置交流平台（如美国金融投资公司专注于建立社交化选股投资平台，Motif Investing 于 2013 年获得由高盛领投的 2500 万美元的 C 轮融资），进一步降低了传统金融业对专属人力资本的依赖性。

对于第二个理由，"精准性"金融也即全方面动态化的信用系统，能够"包容"原本不符合条件的信用主体并为之准确定价，这样就降低了依靠非市场化的特许补贴的必要性。有专家指出，中国在互联网金融方面拥有很大的潜力，这也将为亚洲金融市场带来包容性增长。这里的"包容性"指的就是越来越多的层级参与到金融业中。互联网金融业表现出的旺盛生命力，是由于其很大程度上包容了传统金融无法覆盖的社会需求。发达国家 P2P 平台服务的主要对象是低信用评级群体，众筹平台支持了原本不可能得到融资的早期项目。

　　国内新兴第三方支付机构则多凭借与电商平台的紧密关系，统筹资金流、信息流和物流，有效解决了低信用环境下的信任问题，促成了过去不可能发生的交易。阿里小贷借助互联网发放的贷款单笔金额通常约为 1.1 万元，准入门槛近乎为零。余额宝使普通百姓能够进入银行间拆借市场，分享过去只有极小群体可以参与的大额资金短期借贷市场收益。

　　第四，信息成本降低有利于降低杠杆。

　　现代金融体系不能有效解决信息高度不对称和信息成本过高的问题，为了平衡流动性和收益性需要不断提高杠杆化、证券化和衍生化，直到以投机失控的结局收场。互联网技术使信息采集、加工和传递成本大大降低，这将在很大程度上解决上述信息问题。P2P 即意味着根据准确信息进行"点对点"的资金匹配；有了准确信息，开发衍生产品的需求就会降低，通过投机来获取信息的方式便逐渐成为"偏门"。

　　金融效率在很大程度上决定着经济增长的质量。长期以来，我国金融业集中垄断程度高和市场效率低下等问题之所以无法有效解决，就是因为缺乏有足够实力的新兴竞争者。发达国家传统金融业的组织柔性化和扁平化、服务人性化和便利化水平较高，较好地契合了互联网技术的早期应用。但从另一角度来看，这反而可能挤压新兴互联网金融主体的发挥空间。目前我国金融体制机制存在的诸多问题，实际上为新生力量留下了较大余地。

　　我国互联网支付机构可以凭借整合多家银行支付网关接口享有在线开户等"超待遇"，提供的增值服务也远比传统银行卡更加丰富。相比之下，美国的银行卡组织垄断力过强，新兴支付业发展渗透的速度大大低于我国。如果策略得当，我国的金融业完全有可能跨越到互联网时代的快车道。把握这一难得历史机遇的关键在于高度重视鼓励、培育和动员新兴力量，倒逼既有力量革新，最终彻底革新金融业。

　　从上述情况可以看出，传统银行与互联网技术的深度融合是大势所趋。

事实上，互联网金融是一个很大的概念。传统银行相当一部分业务也都是通过互联网技术来发展，例如现在客户支付结算、转账、查询个人账户，根本不需要到营业点，直接在网上就办理了，所以说互联网和传统银行业务的结合，是一个必然的趋势。实际上，对于余额宝、支付宝、P2P 等业务，银行完全可以通过自己的网络来做。今后整个金融行业都可以称作互联网金融。

◈ 运用互联网思维积极探索改造传统金融业务

传统金融行业加入到互联网技术的变革进程中，最重要的是运用互联网思维积极探索改造传统金融业务，包括重塑金融业经营理念，重视金融信息整合与分享，以更开放的态度响应不同类型客户的需求，并通过大数据技术提供业务运作与风险控制支撑。

第一，重塑传统金融业经营理念。

在互联网时代，传统金融业经营理念需要顺应时代变化进行革新。揭开覆盖在金融业表面的各种面纱，"金融"本质上就是对信用信息的整合与风险测度。过去，受地域限制，借贷双方信息不对称，加上个体信用风险分析能力严重不足，需要金融中介机构以自身的资产负债表作为风险缓冲，促成借贷交易，并创造流动性，满足实体经济流动性需求。

而在互联网时代，借贷双方信息沟通基本不受地域限制，直接沟通交流的机会显著增加。特别是随着对借款人海量信息进行挖掘分析的大数据技术的成熟与运用，信用信息整合与评估成本将会明显下降，完全可以不依赖传统金融业作为信用中介缓冲风险。由此可见，金融业也是经营信息的行业，信用信息整合与测度构成了传统金融业核心竞争力。

照此推理，传统金融业完全没有必要通过自身资产负债表来承担全部金融业务风险。通过互联网金融平台发布借款人信用评估等级和融资利率信息，让投资者竞标，并收取信息服务与管理费用，在这些方面传统金融业要比

P2P网络借贷平台更具竞争力。

第二，高度重视信用信息整合与测度。

我国传统金融业同质竞争严重，经营整体粗放，"垒大户"现象较为明显，规模扩张成为经营的内在驱动力。以规模扩张为导向的传统金融业，很难真正注意到数据的巨大价值，因而通常也缺乏内在动力采取有效措施进行信息深度整合。高度依赖抵质押物和第三方担保，客户风险评估往往流于形式，主观臆断占据主导，数据分析也不够深入，导致金融风险不断积聚。在这种经营现状下，部分传统金融机构和企业还没有真正意识到信用信息深度整合与测度的重要性。

在理想社会，违约率为零，因而不需要金融中介存在。但在现实生活中，人性缺陷加上个体经营失败风险，使得信用风险成为金融业面临的主要风险。在互联网时代，虚拟社交网络对实体经济生活的不断替代，加上网络经济行为日益普及与高速扩张，传统金融业比以往更需要交易对手的信用信息。

当然，传统金融业在信用信息深度整合与测度上具有天然优势。经过长期业务积淀，多数传统金融企业已经积累了庞大的客户信用信息数据库，特别是多年的客户信用信息特征观察和违约率数据分析，为大数据技术和模型应用提供了坚实基础。例如，中国工商银行对个人客户和法人客户的违约率、违约损失率数据的完整积累长度分别超过了8年和6年。

显而易见，客户信息深度整合并不是简单的数据积累与排列，还需要对数据特征进行挖掘。对商业银行个人客户而言，存取款习惯、汇款路径、存款期限、理财偏好、个人借款额、违约情况、个人财富情况等，都是个体行为的主要信息，也是商业银行的潜在业务增长点。以理财偏好为例，商业银行通过数据挖掘、了解客户群整体偏好情况，可以有针对性地发行理财产品。

根据个人客户信息综合情况，还可以分析评估其信用等级。对公司客户而言，将财务报表、违约率、资金流向、外部风险事件等，通过大数据挖掘工具进行信息整合，可以生成"客户信用风险体检表"，为商业银行全面评估公司客户业务价值奠定坚实基础。随着利率市场化进程加快，商业银行需要快速提升利率定价能力，通过应用客户信息整合与测度技术，系统实现自动核定客户价格，为前台营销提供参考。

为了适应信用信息深度整合与测度的需求，还要对传统金融业组织机构进行再造。以市场为导向设置机构，易导致客户信息割裂且不完整，难以形成涵盖所有客户的基础信息库。要适应互联网金融发展的需要，未来传统金融业应依据信息采集、信息处理与信息反馈这一基本流程进行重新设计。

信息采集应从银行实体网点、互联网金融平台、网络信息、第三方机构入手，构建以客户为核心的信息库数据系统。信息处理是对基础信息的分析与评估，通过大数据挖掘工具和模型进行风险测度，自动生成价格，并完成审批程序。信息采集与分析步骤也是金融业务的发生过程。

无论是存款、贷款还是基本支付需求，依托于互联网，都可以将相关业务部门进行整合，根据个人客户和公司客户的差异形成两大板块。信息反馈则是后续信息跟踪与处理过程，类似于贷后管理，主要是对原有分析模型的纠正与纠偏。当然，围绕信息深度整合与测度还需要设置内部管理与后台支持等辅助部门，特别是涉及业务营销和风险资产处置时也需要保留必要的实体机构。

第三，以开放的态度适应不同类型客户的需求。

互联网精神包含平等、互惠要求。过去受成本约束，传统金融业容易忽视普惠金融领域，对小额分散金融服务需求供给不足。随着互联网金融的快速发展，业务运营成本显著下降，这为传统金融业以开放的态度适应不同类型客户需求创造了良机。积少成多，普惠金融领域也有大生意。比如余额宝、阿里小贷、网贷通等。

以开放的态度适应不同类型客户的需求，要求传统金融业做好客户细分。

粗放式增长易引发模仿，导致同质化恶性竞争。深耕细作则是互联网金融对传统金融业的根本要求。在互联网时代，客户差异性与个性化需求将会放大，适应个性化金融需求才能凝聚市场人气。

传统金融业的历史积淀和人才储备不同，呈现出显著差异性，奠定了市场细分基础。即使是在同质化竞争激烈的今天，传统金融业的优势也基本得到金融市场的广泛认同。在市场细分领域，传统金融业将各种金融要素进行重新组合排列，满足客户差异化需求，将增强其核心竞争力。

第四，通过大数据技术提供业务运作与风险控制支撑。

大数据是互联网时代时髦词汇，但被真正应用于金融业并没有多少现实案例。理想很丰满，现实很残酷，传统金融业运用大数据技术还存在较多现实难题。除了业务系统建设进展缓慢外，信息来源的真实全面性问题较大。为了促成交易，传统金融业前台人员帮助客户填写信息，甚至填写虚假错误信息的情况较为常见。内部数据信息不完整，系统建设不具备前瞻性，导致信息没有根据大数据要求进行排列，限制了挖掘模型与工具的运用。

此外，同业竞争也在一定程度上限制了必要的信息共享，使得单一传统金融业掌握的数据不够全面，影响到技术工具使用效果。另外，既拥有丰富专业经验又懂得数据挖掘工具与模型开发的复合型人才少之又少，成为"短板"，是大数据技术难以在我国传统金融领域广泛运用的主要原因。

尽管如此，仍有必要重视大数据技术在金融业务运作与风险控制上的支撑作用。以信贷业务为例，过去主要依靠客户经理贷前调查，信息获取程度与个人经验与能力高低相关。而随着客户经济行为日趋复杂，影响信用风险的因素快速增多，已经超出了客户经理的信息处理范围，这时就有必要通过大数据技术对客户信用信息进行集中处理，从而形成相对客观的风险评价作为贷款审核参考。在贷后调查与风险预警阶段，大数据技术也有广阔的用武之地。

通过历史违约数据及特征分析构建模型预警风险，是贷后管理的主要基础，这将极大地提高贷后管理效率和节约人工成本。假定客户经理每天负责拜访一个客户，且不考虑跟踪调查滞后性，最多覆盖客户数量极为有限。若通过模型嵌入系统预警，可以实现实时和动态预警，基本不受客户经理生理与工作压力的限制，而且风险预警信息可以为前台营销和结构调整提供强有力的支撑。

综合来看，在互联网时代，传统金融业客户经理个体经验虽然不可或缺，但重要性不断下降。通过模型不断校正与调整，可以获得稳定的违约概率模型，而这将成为传统金融业业务运作与风险控制的主要支撑。例如中国工商银行积极探索大数据应用，成立信用风险监控中心，建立专业数据分析师队伍，实现存量信贷资产和新发放贷款的动态风险监测及实时预警控制。

综上所述，面对互联网技术的蓬勃发展，传统金融业很难以史为鉴，想要在互联网时代获得新的发展，唯有尽快加入到互联网技术的变革进程中，打破固有模式，运用互联网思维改造传统金融产业结构，提高金融服务的广度与深度。

传统金融行业转型的途径与方法

在传统金融行业从业人员眼中，互联网技术的更替和演进正在成为一个无法避免的趋势，市场体量和格局正在发生巨大改变，而传统行业则必须直面改变。未来，互联网金融创新仍拥有广阔空间。从大的方面来说，以银行为代表的传统金融行业要实现转型需要做好两项工作：一是加强自身能力建设；二是确定未来发展策略。

❋ 传统银行需要塑造七大转型能力

不同的银行应该根据自身的优劣势和战略方向选择合适的零售银行模式，但不管选择哪一种模式，都离不开一系列基础能力的建设。具体来看，零售银行未来五年需要在"以客户为中心"的理念指导下，发展以下七大关键能力：

第一，积极的客户获取和精益的客户管理。

客户习惯和预期的改变使得传统的获客方式和客户管理模式难以维系，但与此同时，新的技术工具又为银行进行积极的客户获取和精益的客户管理提供了新的解决方案，使得银行能够在客户获取和管理方面提升能力，具体包括获客过程前移、通过智能数据提升客户关系管理、形成立体的客户分类。

第二，有效的渠道覆盖和良好的渠道体验。

每每谈到渠道，大部分银行所想到的仍主要是实体网点的转型。大型国有银行和股份制银行网点转型已近十年，转型方向是实现网点的销售化，主要措施包括通过厅堂布局营造营销氛围，通过柜员话术增加销售机会，通过客户经理每日营销"规定动作"（如打多少个电话、接触到多少客户）开拓和维护客户等。这种传统的转型手段在过去几年中取得了一定的成效，但在新的环境下已日渐乏力。新的网点转型不能仅着眼于网点本身，而应从多渠道整合的角度出发，线下线上紧密配合。

第三，直击痛点的产品和服务。

未来的银行产品要实现差异化，就不能仅停留在产品本身，而是要围绕客户在金融和生活中的需求和痛点，做好基础服务，提供具有针对性的解决方案，并在"真情时刻"为客户"雪中送炭"。

第四，高效的运营体系、大数据能力、IT平台。

银行在建设运营体系、大数据能力和IT平台时最大的障碍往往不在技术层面，而是在理念层面、管理层面。许多银行仍未意识到高效、低成本的运营体系，卓越的数据管理、应用能力，高效的 IT 平台是未来零售银行发展的基础保障。而前文所讲的客户洞察、产品创新、流程精简、体验提升、多渠道整合等均离不开这些交付能力的支撑。

第五，综合定价和稳健的风险管控。

经济新常态下，银行的风险管控和合规应从以下四方面入手：明确风险控制战略、匹配风险控制资源、优化风险控制执行、加强合规管理。

第六，灵活应变的组织与管控机制。

零售银行的转型升级，难点往往并不在于战略或方向，也不在于技术或能力，而是在于体制机制和管控层面。零售业务在银行的组织内部具有分散性的特点，零售业务主要由零售部分管，但与此同时高端客户由私人财富管理部分管，电子银行由电子银行部或者 IT 部分管，网点由分行分管，信用卡有单独的中心，产品需要金融同业部门的支持，流程需要运营部门的支持等，这种割裂的状态使得零售银行的管理和协同尤其困难。因此，理顺组织架构，匹配相应的人才和资源，提升组织的灵活性和适应性是零售银行转型升级、实现盈利的关键。

第七，跨界的生态系统整合。

在"互联网＋"时代，邻近产业或者毫无关联的产业会突然进入某一个市场，抢夺用户，这种"跨界商战"或"覆盖战争"使得行业内个体的生存愈加艰难。这种"覆盖战争"爆发的根源在于机构个体都受限于自身基因传统，无法成为全能，因此必须通过参与或建立生态系统，拓展自身能力和优势的边界。

◈ 传统银行业的未来发展策略

以手机银行和移动支付为主的移动金融服务是未来市场争夺的焦点，是银行业也是互联网金融企业战略落地的重要着力点。传统银行未来发展的具体措施如下：

第一，建设"智慧型"网络银行，加快网点转型。

加快网点转型，推动物理网点由交易渠道向营销服务中心、客户体验中心转变，明确除中高端客户维护、部分需人工干预以及复杂度较高的产品和服务外，引导客户将其他简单化、标准化、非接触式的业务最大化地迁移至电子渠道完成。明确将电子银行作为全行交易主渠道，全面发挥电子渠道分流标准化服务及普通客户的作用。在保证电子渠道主交易渠道定位的同时，推动电子渠道向营销渠道转型，整合门户网站、网上银行、电话银行、手机银行、微信银行、ATM 等电子渠道，利用微博、微信、社交网站等新媒体和新应用，将电子银行打造成在线综合金融营销服务平台，进行产品推送、信息收集、客户服务和营销服务，成为银行新客户、新服务、新收入的增长点。

第二，客户管理互联网化，建设全球客户服务体系。

要摆脱低技术含量的客户管理和营销方式及粗放式的外延增长模式，利用"金融" + "数据挖掘"思维，借用互联网领域的数据挖掘技术以及基于数据挖掘的业务模式并将其应用于金融服务，有效解决客户信息分散的问题，建立智能化客户信息系统、信息管理系统和数据采集系统，建设全球客户服务体系。

第三，积极研发互联网金融新产品，提供全场景支付解决方案。

搭建总分行分工合作的立体式产品研发体系，基于统一架构、统一平台、统一标准的集中处理模式提高服务能力，同时赋予分行一定的外围系统和移动终端产品开发权限，提高其适应客户及市场需求的能力。深挖"移动"特性，在手机等各类移动终端集成移动银行、远程支付、近程支付、LBS 等应用，打造随时随地的全场景移动金融服务。在实现移动银行对传统银行服务全面覆盖的同时，加快移动金融服务创新，如利用 PUSH 技术实现信用卡月

结账单、还款提醒、投资理财资讯、收益明细等内容的精准推动；结合 GPS
定位或影像传感技术为客户实时提供周边餐饮、酒店、购物等优惠信息以及
银行网点信息、ATM 位置及其可取现金额信息等；在各类移动终端集成远、
近场支付功能，提供全场景支付解决方案。

第四，建立持久有效的风险管控系统。

风险控制是金融永恒的主题，互联网金融的"虚拟性"为风险控制带来
难题，如商业模式不稳定，网络不安全，客户信息易泄露，系统不稳定，网
络洗钱等。因此，银行在发展互联网金融的过程中应着力建立有效的风险控
制系统，借助信息技术应用提升外部风险防控手段，做好互联网金融发展中
信息安全防护工作，强化客户和账号信息保护，不断提升电子银行信息系统
的安全防御能力，建立持久有效的风险管控系统。

第五，建立科学有效的运营体系，确保运营灵活化。

建立集中化运营体系，确保国内运营灵活化；建立全天候、全球化运营
体系，确保国际业务灵活化；加大互联网金融发展的配套支撑，确保运营灵
活化，提高运营效果。

第六，综合管理自动化，降低经营成本，提高整体反应速度。

加快推进数字化办公，完善内部通信平台和信息发布平台；实现工作流
程的自动化，解决信息内部流转过程的实时监控、跟踪，解决多岗位、多部
门之间的协同，实现高效率协作；实现文档管理的自动化；改善会议管理、
物品管理等日常事务的处理流程，实现辅助办公自动化；支持多分支机构、
跨地域的办公模式和移动办公；加快人力及财务标准化、在线化流程建设、
优化管理组织架构，提高申请、审批、执行效率，从而落实信息集成处理，
实现办公自动化系统与各业务系统的集成。

第七，金融模式开放。

加快开放式金融应用平台建设。建立自己的社会化金融社区，承载银行

与企业、企业与企业、银行与客户、企业与客户之间的关系互动，建立安全可信的社会化电子商务生态。积极加入其他商业生态系统，建立跨界合作机制。以支付结算等基础金融服务为卖点，融入电子商务企业、第三方支付平台、手机操作系统开发商、电信运营商等跨业商业生态圈建设，介入平台架构体系设计，商讨平台支付协议、银行支持系统标准，实现对接合作，增加通往银行的业务入口。

第二章 新金融生态圈：金融要素市场化、金融主体多元化、金融产品快速迭代

构建新金融生态圈必须从弄清基本概念入手。传统金融业务与互联网技术融合后，通过优化资源配置与技术创新，产生的新的金融生态、金融服务模式与金融产品，即为新金融，其市场表现为金融要素市场化、金融主体多元化、金融产品快速迭代。而对于互联网金融，可以借助专家给出的公式进行解读。构建新金融生态圈必须注重风险控制、创新服务以及行业渗透与融合。此外，要想使新金融发挥更大的作用，应该在监管方面注意适度与创新。

什么是新金融

在互联网迅速发展和信息技术革命的推动下，金融业架构中的"底层物质"正在发生深刻变化。移动化、云计算、大数据等大趋势引发金融业"基因突变"。这种变化使得传统金融业版图日益模糊，促使传统金融业务与互联网技术融合，通过优化资源配置与技术创新，形成新的金融生态、金融服务模式与金融产品。反映在金融市场上具体表现为：金融要素的市场化、金

融主体的多元化、金融产品的快速迭代过程正在发生，我们称之为"新金融"。

❖ 新金融的市场表现

新金融的市场表现主要体现在三个方面：一是互联网五大技术——大数据、云计算、平台、移动以及各类智能终端在不停地通过联通的方式连接各类客户、资产、资金。由于互联网技术的发展，催生了大量新的金融模式，我们称之为"互联网金融"，并且已经形成了第三方支付、P2P网贷、大数据金融、众筹、信息化金融机构、互联网金融门户六大互联网金融模式。二是由于监管的放松，出现了众多的金融业态，也出现了大量的金融组织机构，比如私募基金、保理公司、融资租赁等，这方面的范畴可能更大。在中部地区省一级、市一级甚至区县一级每天都出政策鼓励互联网金融或者新金融。三是新金融产品层出不穷，诸如股权投资基金或 PE（私募股权投资）、并购基金、VC 投资基金、天使投资基金、新三板投资基金、阳光私募基金、各类交易所产品合约投资、融资租赁类、非公开化融资、P2P、P2B 及保理类产品、类 P2P、众筹等。

新金融要快速成长，离不开金融基础服务的支撑。在这方面，汇付天下是一个典型例子。汇付天下为新金融企业提供了支付、账户、数据、运营四个方面的一整套解决方案。支付基础服务包括满足各类线上、线下、移动等应用需求的畅通支付通道；为了使客户提供的资金、资产以及信息能够落脚，汇付天下已经形成了基于客户资金、资产、信用的专业化账户管理体系；大数据清洗整理、模型分析、征信评分或评级的能力；适用新金融高效率、低成本的清结算、客服、风控等运营能力。

在这里，我们不妨简单地回顾一下 2000～2015 年的金融市场，这或许能够帮助我们把握新金融发展和产生的历史脉络。2000 年，互联网的小小支付网关产生，支付网关就是在银行体系之外，创造了一个支付的通道。2004年，中国第一个支付账户的诞生，让人们在商业银行之外有了一个可以放钱、可以交易、可以做资金流动的通道。2007年，很多支付公司已经在为很多产业链提供贷款，当时叫作"垫资"。2010年、2011年一直到现在，各部委不断地发放牌照，2011年中国人民银行开始发放支付牌照，2010年证券监督管理委员会（以下简称"证监会"）给非金融机构提供了基金的代销牌照，金融产品的代销可以由非金融机构去完成。2014年，传统金融根本不太相信的事情出现了，这就是非标的资产规模在一年间轻松过了千亿元。2013~2014年两年间的互联网金融已经实现了资产过2.5万亿元。总的来看，过去15年的互联网金融也好，新金融也好，都在飞速发展。

值得一提的是，在新金融的市场表现中，企业家的精神不可忽视。创新、开放、进取、变革的企业家精神，推动了新金融的快速发展。

❖ 新金融带来的发展机遇

新金融正行驶在高速发展的快车道上，它带来的发展机遇可以分为两大类：一是融资类；二是理财类。

融资类就是传统的贷款，或者是借款中介。融资类的商业表现形式有P2P、小贷公司、消费金融等。美国的Marketplace（机构间的融资平台）发展非常快，大部分P2P公司或贷款公司，因其自身信用评级的上升，其资产可以被机构投资者投资，所以将创造一类交易平台市场。中国很快也将出现这样的发展趋势。

在财富管理方面，长期以来，中国投资人获得产品的渠道非常狭窄，也使得理财顾问没有办法根据风险预期、流动性预期为客户做资产配置，而只以理财产品的销售为主。互联网技术的发展，可以把基金、信托、保险、私募、银行理财、海外产品放到一个平台上，真正开启了中国财富管理的新时代，同时也将带动资产管理行业的新发展。这样一来，一定会带动前端产业链的另外一端——资产管理的极大发展，因为当财富管理把投资人全部会聚起来以后，各类资产管理公司，各类资产的定价，包括风险的处理，会宽松很多，一定会迎来一个资产管理的大爆炸式的发展。

总之，新金融这个概念能更好地描述现在的金融行业。比如在保险、银行等领域，中国的传统企业还有很多没有解决的问题，新金融能通过各种手段，在传统金融中切出没有被传统金融服务机构解决的市场。新金融的发展与电子商务的发展很相似，但不同的是，新金融不一定完全通过互联网手段来解决问题，新金融的核心是找到性价比好的市场，并且用各种技术圈出自身管理能力范围内的市场，这就需要考虑到差异化的问题，并且要注意应用场景是不是刚需、是不是高频需求、交易份额多大、每一次投入与产出是不是都成正比等。

在这样一个时代，我们既可能是新时代的先行者，也可能是消失时代的回忆，选择在我们每个人手中，让我们一起共创新金融！

新金融必将"痛并成长着"

新金融的发展实际上有两大助推力：从长周期的角度来说，技术是最大的助推力，从短周期的角度来说，监管则是最大的助推力，而最近几年高速发展的引爆点恰恰是政策监管的宽松和地方政府的鼓励。从需求侧来看，金融市场的需求永远存在并且巨大，从监管层面来看，政府部门的政策监管在全球都是总体放松，虽然会有所反复，但就像刹车与油门在换，车却一直向前。新金融正在"痛并成长着"，这种状态对从业者来说，最重要的是心态上保持沉静，既不因刹车而灰心，也不因加油而张狂。

❖ 新金融必须解决效率问题

如果说"互联网金融之痛"是行业讨论的焦点，那么为什么会痛？其实，中国新金融业者过度重视创新而忽略了效率，是目前行业中的问题所在。中国新金融业界普遍认为，新金融最核心的问题就是"效率"二字。

提升效率的有效途径是创新。金融创新到底是什么？到底有怎样的风险？事实上，不管是因为无知无畏而产生的创新，还是因为基于专业能力而开展优化的创新，在金融业务中都是危险的事，可能意味着违规，意味着监管套利，也可能意味着直接打乱既有利益格局而引起各种负面的反馈。

金融创新重在实现资产与资金的连接。互联网的价值，在于建立了不同主体的连接并促成其沟通，因为最大的连接就是沟通。人与人的沟通成就了微信，买卖双方的沟通成就了阿里，而金融的沟通其实就是资产与资金的连接。

❖ 新金融下的产业金融机遇

总体而言，新金融的机遇在于主流金融机构服务供给弱或者根本未曾服务的领域，而其中最大的机遇在于产业金融。

产业金融是个泛称，不同的人理解不同。传统金融机构的从业者认为，与实体经济相结合的金融就是产业金融。其实，与交易场景紧密结合的金融，才是产业金融。传统金融机构虽然有品牌、有资金，但是不够理解行业，不够理解需求，不够理解资金流的规律，不够理解行业资产的风险特性，所以为新金融留下了巨大的发展空间。

金融与产业结合有不同的方法：

一是通过产业链结合不同的行业来拓展，大部分交易主体是在行业中，资金在链条中流动，行业规模足够大，物流、资金流流向都很明确，那么我们就可以做。比如，汇付天下一直在产业链中提供服务，在航空业、基金业等行业中都很有收获。

二是针对商业主体的各类融资的产业金融，也可称为公司金融。比较偏向于资产管理方向，比如银行的资产业务、信托及资管公司的资产管理业务。这些资产管理业务对资产的评估定价也是顺着产业的发展或脉络来的。而即使在这样的业务领域，传统金融所做到的也是比较有限的，甚至组织架构都是更多按地域划分，很少按行业划分或设置。新金融机构同样可以做更多。

三是结合产业发展的个人消费金融。在个人业务中，银行只看重通用类的需求，比如希望通过一张信用卡搞定个人的全部消费需求，不注重个人的具体消费行为（唯有房贷与车贷例外）。但市场上有无数非标非通用的消费，比如家装、航旅等，这些都是新金融的发展机会。

◈ 支付企业的发展方向

从支付的发展过程可以看到，支付已从工具属性的业务变为目前可以架构各种金融业务的主体业务。于是，支付公司逐步深化成从事资产业务或资金业务的金融公司，这也在客观上要求支付公司获取开展相应业务的许可牌照。

过去支付公司追求规模，是靠规模的提升获取更大的支付服务收入，规模是目的，但现在规模则已成为手段——通过规模的提升，获取更多的客户、掌握更多的资金流。基于和过去完全不同的业务逻辑，支付公司正在谋求建立以支付为基础平台的金融生态圈。

基于此，支付企业的发展有两个方向：一个是沦为大集团的工具；另一个是走独立发展的道路，替小微企业或个人做独立的账户管理服务。

在新金融领域，新金融机构有两个基本特点：一是规模都比较小；二是运营团队中有金融专业人士。这两个基本特点意味着新金融机构有可能具备开拓金融业务的团队能力，但需要提高基础性的支持能力，也就是我们前文所讲的新金融必须要有的基础设施，诸如支付、账户、数据、运营。

新金融的网络信贷、网络理财、众筹及小额贷款、融资租赁、消费信贷、私募基金等业务蓬勃发展，这说明新金融需求一直都存在。在这种需求下，金融从业者如果能够减轻疼痛并获得成长，必将在未来胜出！

"网络金融"的内在联系及其与 "互联网金融"的概念区分

网络金融生态圈是在互联网金融（ITFIN）的基础上编织的一个网络，各个部分彼此影响、延伸。它是指经过网络金融中不同业态、不同个体之间的相互融合与淘汰，那些具有协同效应及相乘效果的个体有效地组织在一起，形成的能动态地自我更新与进化的集群。

◈ 网络金融生态圈的内在联系

互联网金融正在引发金融界的震荡和革命，这种影响甚至远超过互联网对实体经济的影响。因为互联网与金融有着天然的契合性，金融产品从本质上说就是一连串的数据，无须借助物理实体的依托。移动支付、云计算、搜索引擎等互联网信息技术的广泛运用，大幅降低了市场信息不对称程度，资金供需双方直接匹配，大大削弱了银行、券商和交易所等传统金融中介的作用。这种匹配迅速、交易成本低廉的新型金融模式，加速了金融脱媒，是对传统金融的巨大挑战，也将带来一场金融革命。更为重要的是，"开放、平等、分享、协作"的互联网精神将融入金融的血液，金融市场不再受少数专业精英控制，其专业性壁垒迅速弱化，普通大众也可以充分参与金融市场，金融市场将走向平民化。这是一个全新的阶段，互联网金融其实就是"普世金融"或"平民金融"。

同时，我们看到，在以阿里巴巴为代表的互联网企业高调进入金融业后，中国的金融机构也加快了自身改革的步伐。多家大型商业银行、保险公司、券商等都在互联网金融领域积极开拓、排兵布阵，主动融入以移动互联网为代表的第三次科技革命浪潮，努力完成从传统金融到互联网金融的嬗变。中国政府也对互联网金融给予了足够的重视。2013年8月，中央银行牵头的互联网金融最大规模调研已经展开，开始为互联网金融监管的顶层设计进行准备。

根据2014年1月7日网易新闻报道：国务院新规"国办107号文"将加强影子银行监管，文中首次将市场颇为关注的互联网金融以"新型网络金融公司"之名纳入监管。另外，在"国办107号文"表述中，均使用了"网络金融，网络支付平台、网络融资平台、网络信用平台"等说法。

◈ "网络金融"与"互联网金融"的区别

依托于互联网，不同业态的互联网金融组合在一起形成一种"网络"，这就是我们所理解的"网络金融"。在范畴界定和内涵上，"网络金融"与"互联网金融"有着明显区别。从"网络金融"角度看，这些不同主要表现在：第一，涵盖的范围不同。网络不仅包括互联网，而且还包括各种非互联网的网络。例如中国的各个交易所（包括证券交易所、期货交易所和产权交易所等）的交易网络、银行间市场网络、各种金融机构内部网络和支付清算网络等均非互联网。所以，在这些网络中展开的金融交易活动，不属于互联网金融，但属于网络金融。从这个角度看，"互联网金融"一词并不能代表

"网络金融"发展的总体趋势，它没有涵盖专有、非公众网络基础上的金融活动。第二，交易主体范围不同。在发达国家，"网络金融"的交易主体涵盖了利用网络渠道和网络技术进行金融交易的所有主体，既包括中央银行、商业银行、证券公司、基金公司和保险公司等金融机构，也包括政府财政部门、各种商业机构、实体企业和居民个人，还包括海外非居民。但中国的互联网金融，交易主体似乎只包括利用互联网进行某些金融活动的网商和一部分介入其中的居民个人、小微企业等，使用"互联网金融"一词，就将大多数运用网络进行金融交易的主体排除在"互联网金融"范畴之外。第三，交易内容不同。"网络金融"涵盖了各种利用网络渠道和网络技术进行的金融交易活动。由于在现代金融交易中，不利用网络展开交易的金融活动已经很少了，所以网络金融几乎涵盖了金融的所有种类交易活动，交易量占金融总交易量很大比重。但中国的"互联网金融"仅涉及少数几种不占主要地位的金融交易，不论是交易种类还是交易量占比都远低于网络金融。

"互联网金融"主要指的是由网商通过互联网进行商品交易等所延伸推展的金融活动。它最初产生和服务于互联网上的商品交易活动，此后，延伸到代理基金证券销售和 P2P 网贷等方面。网商所从事的金融活动只是各类主体（包括金融机构）运用互联网展开金融活动的一部分，因此，以"网商金融"加以界定可能更为准确，也不容易发生歧义。目前我国网商所从事的金融活动基本还局限于金融体系中的一些小额辅助性金融业务方面，就金融的实质性业务（各种金融产品的开发和交易）和主体性业务（如存贷款、证券交易等）而言，迄今染指甚少，因此它能否实质性地进入金融体系还取决于进一步的发展走向。由此不难看出，与"网络金融"相比，"互联网金融"一词有着极大的局限性，它并不代表金融行业在运用电子技术和网络渠道方面的总趋势。

另外值得一提的是，如果"互联网金融"是一个规范且普遍的国际用语，英文中应有专门的词语予以表述。但从各种相关的英文文献中难以找到"Internet Finance"一语，由此可以判定"互联网金融"并非国际上带趋势性的普遍现象。在欧美国家，普遍使用的概念是"Network Finance"或"E-Finance"等。这些词语可翻译成"网络金融"、"电子金融"等。与此对应，借助 Network，它们自 20 世纪 90 年代初期起就发展了网络银行、网络证券和网络保险等。

"电子金融"是指运用现代电子技术所展开的各种金融交易活动的总称。由于各种网络建立在现代电子技术基础上并通过各种电子符号传递信息和实现交易，所以电子金融包括网络金融，但同时它还包括运用各种电子产品（进行云计算的大型高速计算机等）、电子数据（如大数据）和电子金融符号（如电子货币、电子证券等）所展开的金融交易活动，因此电子金融的范畴大于网络金融，更大于互联网金融。在电子金融、网络金融和互联网金融三个概念中，互联网金融是内涵最小的概念。与电子金融和网络金融相比，"互联网金融"是否属于一种带有独立特征、发挥独立功能的金融运作方式，值得存疑。从国际交流角度看，如果需要强调"网络"效应，也许使用"网络金融"概念更加贴近现实情况。

通过七个公式认识互联网金融

互联网金融并不是简单的"互联网＋金融"，也没有复杂到与传统金融没有关联，更不是现代金融体系之外的一个异生物或类生物。互联网金融是现代经济进入互联网时代在金融行业所表现出的新特征、新技术、新平台、新模式和新实现形式。

眼下大部分关于"互联网金融"的论著充满了对金融工具细节的描述，但缺乏系统思维框架，其结果是对大局的判断语焉不详。既然互联网会影响大部分行业，凭什么单单金融前面需要加上"互联网"这个定语？解答这个问题涉及对金融本质的理解，仅描述金融产品的细节是不行的。那么，究竟如何认识互联网金融？北京市金融工作局党组书记霍学文提出的发展互联网金融"七个公式"，显得颇为新颖乃至可贵。这些公式是我们认识互联网金融内在逻辑的新方法和新视野。

⊗ 公式一：金融＝制度＋技术＋信息

制度＋技术＋信息，构成了金融业的底层物质技术结构。这一结构的改变，将带来整个金融业的深刻变化。制度决定谁能做金融，制度作为基础，决定了准入、退出，谁有资格当股东。技术是工具与动力，智能手机的普及为互联网金融的发展奠定了技术、产品（APP 应用）以及与用户的沟通创新的基础，基于大数据的数据挖掘与分析技术开创了互联网金融新模式，移动互联网深刻改变了金融风险定价与资产配置的方式。信息是关键要素和内容。在信息经济时代，信息是互联网技术下的基础元素内容，也是金融活动的基础记录、存储与计算的内容，获取信息、处理信息、应用信息是金融业的核心职能和技术。

金融业的发展历来都是与信息技术的创新和发展齐头并进，并深受其影响的。在传统金融业不断互联网化的过程中，金融业得到了快速发展，但是并没有把信息技术的巨大潜能充分发掘出来。同时，在巨大的普惠金融需求远没有得到满足的情况下，IT 企业跨界金融业，从事第三方支付、P2P、众筹、垂直搜索、互联网金融门户等拥有巨大的发展空间。

显然，霍学文的"金融底层物质技术结构"理论，与《零边际成本社会》的作者杰里米·里夫金提出的"技术驱动经济范式创新"理论是内在一致的。互联网金融的发展，让融资边际成本不断降低，虽然到不了"零边际成本"，但低利率时代必将会到来。

❖ 公式二：互联网金融 = 供给创造需求 + 形式决定内容 + 受众决定未来 + 技术改变一切

供给创造需求、形式决定内容、受众决定未来和技术改变一切是互联网金融的四个假说（原则）。供给创造需求，即技术创新推进产品创新、服务创新、市场创新和生态创新，这是"速度"第一。在推出产品的速度上，互联网金融企业确实非常快，而银行推出任何一个产品，都必须进行安全测试、环境测试，直到最后确认无误，从这一点来讲，互联网对推出产品是优于金融业的。如没有智能手机的出现就没有对手机功能的需求，没有支付宝的供给就没有对第三方支付的需求，没有微信供给就没有对移动通信、圈子传播的需求。

形式决定内容，即技术表达形式、技术实现形式、技术送达形式决定市场可接受程度，这是"感受"第一。形式造就了市场的可接受程度，没有良好的形式来承载金融服务内容，公众就很难接受。如微信红包以符合中国传统文化的虚拟红包形式出现，利用"抢红包"突出了游戏性和社交性，成功地让数以百万的用户绑定了银行卡，为微信支付奠定了流量基础。

受众决定未来，即规模第一、客户数量第一，赢家通吃，这是"流量"第一。移动互联网时代，大家接受的移动金融服务既便捷又简单，同时残酷的 APP 删除也是非常便捷的。受众决定未来，也就是说互联网金融时代，一定得接受客户的数量，流量在这个发展过程中起决定性作用。如京东商城为客户提供良好的网上购物体验，且有强大的物流配送到家，吸引了众多用户，在它的电子商城上既然可以卖衣服、快消品，也就可以卖理财产品、证券产品、保险产品等金融服务和产品。

技术改变一切，即没有不跨界的技术，只有不跨界的思维，制度的巨大差异在技术上只是小小的参数变异，技术跨越制度，这是"创新"第一。互联网技术挖掘了很多事物的信息属性，进而拓展了信息技术处理现实世界问题的能力，使得互联网成为一种新平台或新市场，对金融业也产生了很大的影响。我们可以看到，互联网企业是给金融机构服务的，既能给银行业服务，也能给证券业、保险（放心保）业服务。不同行业和部门的需求差异，在编程技术上有可能仅表现为一个小小的参数，所以，技术上的变更会导致制度上的重大创新。

❖ 公式三：互联网金融形态 = 移动金融 + 大数据金融 + 云端金融

移动金融 = 无线接入（Wi – Fi） + 智能终端 + APP 内容运营，移动互联网金融企业在移动端的运营上一定要注意 APP 的用户基数。移动金融具有即时性、便捷性、可推送性、广泛性和交互性等特点。目前传统金融企业纷纷加快移动端布局，先后推出手机银行、微信银行等服务模式，互联网金融企业也纷纷展开手机钱包、微信支付等一系列移动金融支付模式。目前移动金融已经进入 2.0 时代，用户可采用远程支付、声波（支付宝）和 NFC（移动支付）、二维码（支付宝）、指纹识别（APPLE PAY）等多种创新技术提供多维度全方位的综合金融服务。

大数据金融是互联网金融向云端金融的过渡形态，区别于传统金融的纸质介质、人工处理方式，大数据金融以数据介质为主，利用分布式计算处理数据，以互联网为平台支撑。大数据金融 = 数据积累技术（留痕技术） + 数据处理方法（包括存储） + 信用评估应用（产品开发与风险控制）。大数据风险控制是互联网金融的核心技术。没有大数据风险控制的互联网金融 = 失控的高速车 = 风险源。大数据金融实际上是数据积累加上数据处理方法和信用评估方法。事实上，传统的银行业和我们的大银行，它们的数据本身就是大数据，它的数据所能评估出来的信用应该是不低于甚至强于我们所说的阿里巴巴。关键是没有做到底层数据贯通，若能做到底层数据贯通，银行业依然能给出信用评分，如果再加上中国人民银行的征信体系和社会征信体系的贯通，这一点会做得更强。

云端金融，即在云端产生信息，在云端共享计算，在云端为客户提供金融解决方案，主要包括云信息处理系统、云金融安全系统、云金融服务系统。云端金融由三项技术构成：第一项是云存储技术；第二项是云风险控制技术；第三项是云指挥技术。未来的金融业在互联网的终端状态将是云金融，为什么做技术的人越来越容易做金融，就是因为他的跨界，同时金融也越来越技术化。金融企业或者互联网金融企业到了终极的状态其实就是一个个不同的金融资产交易所。云金融生态环境下，金融 = 技术，金融活动将在云端开展。所以，从某种意义上说，互联网金融企业 = 金融资产交易所。

◈ 公式四：互联网金融状态空间 = 商业模式 + 生态圈 + 生态系统

互联网金融是"老三论"（系统论、控制论、信息论）与"新三论"（耗散结构论、协同论、突变论）在互联网金融时代创新与发展的成果。互联网金融企业、产业、产业链、产业集群构成了自我循环的开放的状态空间，这是互相竞争、融合发展的必要前提。一个 = 死亡，集体 = 共赢。互联网金融企业必须创造自己独特的商业模式，实现相同功能的多个商业模式构成生态圈，实现目标相同的多个生态圈构成生态系统。互联网金融企业的生财之道是共同构造利益共同体的生态系统。商业模式 + 生态圈 + 生态系统将构造具有核心竞争力的状态空间。

互联网金融是一种新金融生态体系下的商业模式，单个的互联网企业和商业模式并不可怕，但是它们一旦组合起来就会改变整个金融生态体系，如阿里巴巴介入金融从第三方支付——支付宝开始，当用户账户资金逐渐沉淀时，为了使得资产继续保留在支付宝账户促进更多交易，阿里巴巴又开发了具有投资功能且与支付宝对接的证券投资基金天弘增利宝——余额宝。此后依据大数据、云计算技术，又推出各种互联网金融模式，比如，以阿里小贷为代表的网络贷款、以芝麻信用为代表的大数据征信体系、以娱乐宝为代表的"类众筹"式创新金融产品销售等，至此，阿里巴巴构建了从商贸、消费、物流到金融服务的闭环式互联网金融生态开放系统。总的来说，商业模式＋生态圈＋生态系统将构造具有核心竞争力的状态空间。一旦形成状态空间，将使互联网金融摆脱共同面临的生死困境。

❖ 公式五：互联网金融创新＝复杂问题简单化＋简单问题标准化＋标准问题极致化

互联网金融创新的根本原则＝问题导向＋解决需求＋服务民众。要想解决问题，就得复杂问题简单化。要想把问题简单化，就得标准化，进而流程化，可计量。要想以标准化服务换取用户的良好体验，就得极致化。极致化体验是互联网金融的重要检验标准。

❖ 公式六：互联网金融监管＝产品登记＋信息披露＋资金托管

产品登记＝金融消费者保护＋金融风险识别＋金融风险处置；信息披露＝诚信经营＋好人举手＋鼓励创新；资金托管＝构筑底限＋强化外控＋纳入监管。

在互联网时代，不怕有风险，就怕找不到风险源，大数据风险控制就是针对风险的独特设计。没有风险的互联网金融＝自我灭亡。

❋ 公式七：互联网金融本质 = 为人民服务

互联网金融的本质是为人民服务。正因为互联网金融的本质和宗旨是为民众服务，才获得了力量源泉，获得了政府支持和民众拥护。因为"只有人民才是创造世界历史的动力"。

上述这些公式在有些专家眼里也许大部分逻辑可能是泥沙。但正是这些泥沙包含着珍贵的金子，而思考和总结的真谛往往就是"沙海淘金"。互联网金融将使金融业由粗放经营向精准化经营转变，由抵押文化向信用文化转变，由利润中心向客户中心转变，由关注整体向关注个体转变，由关注 20% 的优势客户向关注 80% 的弱势客户转变，也就是说 80% 的没有得到银行贷款的中小企业将有获得重生的机会。

毫无疑问，霍学文的观点及其新方法和新视野是应该肯定的！

P2P 升级新方向——金融生态圈

当前 P2P 网贷行业发展迅猛，各路资本纷纷涌入，整个市场群雄逐鹿：巨头跨界转型、网贷新模式频出、P2P 融资潮迭起……经济升华，金融行业最大的亮点就是 P2P 网贷。互联网 + 金融的基因优势，让 P2P 网贷行业充满创新的可能，在做好借贷和理财两端的基础上，网贷平台的创新方向在哪里？这是每一个网贷平台都在探索的问题。

❋ P2P 网贷行业的创新探索

在 P2P 网贷行业的创新探索中，一些平台执着于技术创新，将创新技术带来的效率优势视为平台的核心竞争力，例如推出"智能投标，循环出借"功能，"码上贷"、"极速模式"借款服务。多数平台则希望通过创新提升风险控制水平，如尝试通过大数据进行信用分析，从各种信息维度中提炼价值，建立起一套自动化的授信决策机制。与此同时，P2P 网贷行业也出现了一些"跨界合作"，艺术品投资、海鲜市场等领域亦成为互联网金融平台的关注点，艺术品质押成为平台标的，大宗交易商的水产品也成为抵押品。

虽然创新是 P2P 网贷行业发展的原动力，但创新的方向和初衷不仅是求新求异，因为那样的创新可能只是伪命题。P2P 网贷平台的创新还应从受众体验和需求融合出发，以专业、严谨的风险控制为基础，保障投资者的资金安全，通过服务模式创新、功能升级，多维度打造用户体验，形成综合服务平台体系。

目前有的网贷平台在完成平台基础搭建的前提下，开始从服务"投资者"的深度和广度出发开拓创新。2015 年 1 月 23 日，在 CIFC 领军盛典上，民信贷提出 P2P 网贷平台需要打造成集借贷、理财、征信、购物、娱乐、慈善、社交于一体的"金融生态圈"，这一构想引起了行业专家、权威媒体、P2P 同行、知名金融机构的广泛关注。

列举一个打造 P2P 互联网金融生态圈的案例。2016 年 4 月 14 日，"国资系"平台博金贷号召股东大会，三家入股博金贷的国资公司分别担起其股东职责，不做消极股东，其中江西大成国有资产经营管理有限责任公司（简称"大成国资公司"）担任博金贷董事，另外，江西高技术产业投资股份有限公司（简称"江西高技术投资"）和江西南冶资产管理有限公司担任博金贷监事，共同行使股东权利，背负其所代表的责任和担当，促进博金贷健康发展。这是江西 P2P "国资系"平台打造互联网金融生态圈之举。博金贷董事长温显来在股东大会上表示，博金贷以"平台＋产品＋共享"的运营模式获得了巨大的成功，在市场上取得了独树一帜的示范性效果。目前是市场和监管对行业的考验阶段，越是面临考验，越要坚定信心，顺利度过行业的"过敏"时期。既然"国资"标签让投资者更加信任，博金贷作为国资平台其中一员，就有义务肩负更多的责任，要贯彻落实座谈会的精神，秉持规范经营稳健发展的理念，研究如何最大化地保障投资者的合法权益，认真自查，依法合规，研究有效提升平台管理和风控能力的方案，不做夸大宣传，不做过度营销，确保博金贷平台健康、稳健地发展。

◈ 建设互联网金融生态圈，P2P 发展前景广阔

2016 年开始，P2P 行业迎来了大规模洗牌潮。许多想要持续生存下去的平台开始谋划转型，而一些由于成本增加导致出现负增长或自知实力不足的平台开始自行清盘退出，这对于整个行业和投资人来说，是一件喜事。有业内人士认为，互联网金融行业正在逐渐肃清，投资环境将更加规范和清晰明朗，而对于能够坚持信息中介定位、通过挖掘优质资产谋求发展的平台来说，虽然成本压力不断增加，但投资人开始慢慢重拾对平台的信心，这也算是最大的回报。因此，不少平台高管认为，建设一个互联网金融生态圈，将有利于合规平台良性竞争，带动行业在稳步中再次快速崛起。

那么，如何建设这个互联网金融生态圈呢？出于对行业合法合规性的考虑，政府应主导监管职责，在执行过程中，可由行业自建的联盟来进行自我监管。此外，若能建立起联盟所有 P2P 理财平台的"数据库"，各大平台进行互相监管，行业将快速通过优者胜劣者汰的路径进而健康发展。

如今 P2P 行业看似受到了政府的打击，而实际上政府是在对行业进行救赎，对优良平台进行拯救。当下仍想要坚持走下去的平台，应当积极响应政策且以身作则，对应其政策双管齐下，共同建设互联网金融生态圈。

根据网贷之家发布的数据，截至 2016 年 4 月，新增停业及问题平台 75 家，其中停业的平台占了四成。从此趋势来看，行业复苏正在一步步进行，

并且逐步加快速度。

在当前环境下，也有部分优秀平台早已采取措施进行整改应对监管，在洗牌潮中脱颖而出。如广州知名网络借贷信息中介平台礼德财富，从2016年开始成交量节节攀升，目前成交额已经突破28亿元。礼德财富打造了多重审核和足值质押的风险控制体系，加上资金托管、风险准备金托管的"双托管"模式，实行电子合同签约确保交易合法，并推出法律援助金、VIP账户损失险等确保资金安全滴水不漏，近日还与广东华兴银行签署了资金存管协议，全面落实合法合规。凭借出色的风险控制体系和稳健运营的手段，礼德财富获得了出色的成绩，2016年2月曾占据"名次增幅前十名P2P平台"三强席位，网贷评级稳居前50名并呈现上升趋势。礼德财富以自律自强的行动证明了互联网金融平台在逆境中的发展潜力，使不少优良平台重新看到了行业的曙光，同时也是对于建设互联网金融生态圈的良好示范。

互联网金融时代再次开启，行业野蛮生长状态结束，开始慢慢步入正轨，2016年也将会是互联网金融开启的新元年。每个平台应全力配合建设生态圈，还投资者一片明朗的投资环境。

构建新金融生态圈的三条建议：风控构建、创新服务、行业渗透与融合

2016年7月15日，中国银行业监督管理委员会（以下简称"银监会"）在其官网发布了关于《中国银行业信息科技"十三五"发展规划监管指导意见（征求意见稿）》（以下简称《意见》）以及向公众公开征求意见的通知。对于构建互联网金融生态圈，《意见》指出："银行应依托长期积累的风控、

管理、数据和技术优势，积极适应互联网金融创新发展的趋势，加强跨界合作，促进金融互联网与互联网金融相互融合，互利共赢，是下一时期的发展重点。"

随着近些年互联网金融的蓬勃兴起，银行与互联网公司在支付清算业务、投融资业务、大数据业务等众多领域开展了多元化的合作。特别是中小型区域性银行，通过实现互联网端的跨界合作和协同创新业务模式，在传统业务发展放缓的大环境下，或将获得弯道超车、赶超大型银行的绝佳机会。以天津滨海农村商业银行为例，该银行通过与第三方互联网公司汇联金科的跨界合作，建立了京津冀地区首家以银行主导的、互联网驱动的、以"投、融、汇"业务为核心功能的互联网综合性金融服务平台，打造"互联网＋金融＋服务"的闭环生态圈。对互联网新型技术加以应用，改变了传统金融服务的方式和体验，但并未改变金融业风险管理的本质，而且最大限度地减少了信息不对称和市场的交易成本。它们还利用银行风险识别和风险管控能力的优势，通过互联网端的创新，实现了社会公众信息、资金的开放、安全和有效的交互和流转，让社会公众平台享有金融服务的机会，促进社会普惠金融体系的建立。在资金端，利用互联网跨区域的优势，打破地域限制，面向全国用户提供财富管理和理财投资的金融服务，缓解了银行传统业务中负债端的压力。在资产端，通过利用互联网高效、便捷、成本低的优势展开更为下沉的业务拓展，在降低成本的同时有效提高了增量业务拓展的效率，银行凭借其对风险把控的专业优势，有效地保障了平台运转过程中的或有风险，构建了以互联网金融为中心的生态闭环。

由此可见，构建新金融生态圈必须着重解决三大问题：风控构建、创新服务、行业渗透与融合。此三者缺一不可，不可偏废。

◈ 新金融生态圈风控构建：联防联控是互联网金融风控的关键

从 2012 年到 2013 年的端倪期，到 2014 年的发力期，再到 2015 年的规制期，互联网金融所迸发出的生命力和创造力，让人始料未及。但是行业在高速发展的同时，也面临持续健康发展的难题。其中风险控制作为互联网金融的生命线，一直是互联网金融企业最关心的问题。

当前互联网欺诈年轻化、专业化、团伙化、地域化的特征，已经从最初的"裸奔时代"进化到"大数据风控"时代，这就越来越需要反欺诈技术和能力。在这方面，杭州同盾科技有限公司（以下简称"同盾"）作为中国最具商业价值的互联网行业风险控制与反欺诈服务商，率先提出跨行业联防联控的理念，始终不遗余力地以大数据为基础，为互联网金融企业提供包括资金账户安全、风险识别控制的反欺诈解决方案。

同盾为什么要做联防联控？同盾科技董事长兼 CEO 蒋韬给出了答案。首先，同盾是第一家提出跨行业联防联控的企业。因为欺诈行为不会只针对一个行业、一家企业，我们掌握的数据显示，欺诈正在流程化、专业化、团队化。同盾最终追踪的是欺诈团队，所以我们需要跨行业去做这件事情。其次，同盾的主要数据来自客户，我们用与客户签订商务合作协议的方式，进行数据对接。在这个合作里，第一是有非常明确的非竞争性条款，同盾不会与客户有竞争性业务的冲突，也就是说我们是一家三方机构；第二是我们承诺保护客户的数据安全和个人隐私。我们合作的客户超过 1000 家企业，现在就是在这 1000 家企业里面，结合同盾独有的技术，建立诚信联盟。

同盾提出的跨行业联防联控已经证明了其特有的价值和前瞻性。同盾在消除数据孤岛、共享数据价值的前提下，积累数量越来越多、维度越来越广的数据为这些企业服务，达到更理想的反欺诈效果。日均 3000 万的调用量、1000 多家企业使用同盾的产品、高速增长的客户数就是证明。

除了风险控制以外，同盾还致力于将整个新金融生态圈中的企业联系起来，无论是上游的互联网金融企业，还是下游的互联网金融服务企业，整个新生态圈的健康发展才是同盾最终的目的。

◈ 新金融生态圈创新服务构建：服务企业只有共融才能普惠

整个互联网金融市场现在已经逐渐形成一个多产业的生态圈。生态圈上下游企业需要合作形成闭环才能共同做大市场，也才能更稳定、更普惠地服务大众，继而获取更多的发展。事实上，任何互联网金融企业、传统金融企业、互联网服务企业，都无法创造一家独大的局面。只有创新服务，新金融生态圈中的企业才能共融、普惠。在这方面，拉卡拉支付股份有限公司（以下简称"拉卡拉"）是个典型案例。

作为新型金融服务集团，拉卡拉深入社区，逐步展开社区便民金融布局，不断坚持行业创新，运用互联网手段进一步实践普惠金融价值。

拉卡拉创新性地将收单与互联网云平台相融合，为用户打造出可以满足"全支付"的消费需求，为支付和收单市场的发展起到了巨大的推动作用。拉卡拉云平台主打终端开放、支付开放、商户开放、数据开放，其开发者计划目标将有效推动普惠金融的大发展。

拉卡拉所坚守的终端设备，让其成为支付行业"硬件＋软件"的标杆。如拉卡拉在移动支付领域内推出的智能支付手环、惠及商户的拉卡拉互联网POS＋手机收款宝等。在经济新常态背景下，拉卡拉不仅为用户在支付领域提供了更为便捷的支付和收单渠道，同时其终端背后所对接的金融服务平台，也能一站式满足人们所有的金融需求，也能为小微企业以及中小企业全面解决融资难、融资成本高、融资渠道窄等问题。

除此之外，拉卡拉的金融服务业务也能成为传统金融机构的补充，通过拉卡拉支付平台可让有钱的人去投资，让借钱的人能借到钱。真正实现让传统金融机构没有服务到的人群获得服务，让真正有需求的个体能够获得高质量的金融服务。

❖ 新金融生态圈互联网金融的作用是渗透与融合

"互联网金融比银行发挥的作用要大，因为它能激活民间底层、中小微企业需求。而经济危机的根源，就是底层经济停滞了，不流动了。传统银行，因为市场规律，它不会选择小微企业，风险大，回报小。但互联网金融不一样，它就像一剂中草药，正渗透到中国经济的微血管、小毛孔里，刺激中国经济快速复苏。"著名的互联网金融作家、财经行业意见领袖北京九叔在一次公开的分享会上曾经这么描述互联网金融的作用。

互联网金融行业对经济的促进作用毋庸置疑，互联网金融当前仍处在跑马圈地的阶段，绝对的王者还没有出现，在国家监管逐渐升级之际，融合和渗透整个经济环节，仍然是整个行业的共识。

互联网金融创新将不断打破行业界限，行业间渗透和融合将越发频繁。尤其是当前金融领域也逐渐从原来的分业经营转向混业经营，比如银行可以直接持有券商牌照的改革试点，传统行业的混业趋势，更会加速互联网金融的融合发展，大家都在呼唤一个混业监管的新模式。可以说，互联网金融是"互联网＋"的一个细分领域，并且会与其他"互联网＋"模式之间形成一个相互促进的良性循环。

大数据下的新金融生态与新金融监管

互联网金融模式下的信息处理有以下三种方式：一是社交网络生成和传播的关系数据信息；二是搜索引擎从海量信息中找到最能匹配用户需求的内容，处理关系数据；三是云计算保障信息高速处理能力。前两种为大数据信息处理,如供应链金融在京东的应用。后一种信息处理更多依赖云计算完成,如余额宝。在不同的数据处理方式下,可以衍生出无数新金融产品,同时也进一步加大了监管的难度。

❖ 大数据下的新金融生态创新

金融的本质是数据,金融产品是对这些数据的不同演化与组合。比如传统金融会收集用户的刷卡记录,跟踪用户的消费行为。事实上每个个体都是一个数据,而互联网平台集聚了这些数据。从这个层面讲,互联网完全可以脱离传统金融自己衍生出无数金融产品。

例如,早在 2013 年腾讯的微信支付就已超过了阿里的支付宝而成为用户选择的第一大支付工具。阿里采取了多项措施,如通过淘宝屏蔽微信二维码、商城禁挂二维码图片、关闭手机淘宝的微信通道。2013 年 11 月底,支付宝官方宣布支付宝在 PC 端原有的免费转账额度将取消,按每笔交易收费。所有这些管制性措施与支付宝创立之初带着互联网的服务长尾特性,极度重视客户体验的精神,有了明显区分。互联网企业的特性在于它的不断创新性与对客户体验的深度挖掘,当创造能力不足,对客户的黏性不足时,它的生命力将不再。这就是当金融与互联网结合在一起后,金融的创新性会无限扩大,而系统性风险也会无限增大的原因。

在传统金融体系中,向银行贷款被称作间接融资,通过上市来募集资金被称作直接融资,而大数据对于互联网的渗透创造出了第三种业态——新金融。随着互联网平台更广、更深的发展,云平台渗透到人们工作和生活的各个层面。信息透明化、实时化、多样化、个性化、碎片化。信用来源广阔,构成要素更全面、精细,信用积累的速度更快,便形成了信用价值的精准转化。社会人都会被赋予信用,金融边界的延伸速度将更加快捷。

为适应逐渐"微小化"的弥散型金融与"规模化"的大金融共存的新金融

业态，金融企业组织要自律独立地演进，以较低的边际成本服务更广阔的用户群，以较低的试错成本快速创新。不依靠外部指令，企业各系统按某种默契规则，各尽其责而高度协调地自动运转，这是管理信息时代知识工作者最适合的方式。一个系统的自律性、独立性越强，其保持和孕育创新的能力也越强。

❖ 新金融监管存在的问题与解决之道

金融的数字化为我们未来实现个性化消费带来了极大的可能，也为实现精准借贷提供了可能。对于大数据下层出不穷的新金融创新，新金融监管存在一定问题，但也有解决之道。

第一，监管要注意合理与适度。

要想使新金融发挥更大的作用，监管方面应该注意合理与适度。首先，因为金融行业与其他行业不同，是一个无法完全市场化的行业，而金融又会影响到国家的安定，所以是需要严格管控的。其次，在金融与互联网结合初期，为了促进金融创新，监管方面有所放松，并出台了一系列鼓励政策。但监管的过度宽松导致很多企业趁机"钻空子"，出现了大规模不安全的 P2P 企业，过后还出现了大量"跑路"问题。因为这些事件对消费者的财产安全产生了巨大的危害，所以政府在监管政策上又有了大幅收紧的趋势。

从理性的角度来讲，应该适当对产业的监管慢慢放宽，并持续加强引导。金融改革要推进，也要慎重行事。监管过程中应注意降低反复的次数，拒绝忽冷忽热、时松时紧的情况。出现一些问题是正常的，有时甚至也会出现"劣币驱逐良币"的市场现象，但不能因为出现了问题，而将"良币"的意义也抹杀掉，这不是一个好的监管方式。所以政策应该更偏向中间立场，放开时要缓慢进行，出现问题时也不要一口气全部禁止。

在新金融的发展中，对于参与方的保障要加强，可以通过提高准入门槛来解决这一问题。目前，新金融的发展所出现的问题主要在于大量没有创业经验的公司企业刚刚起步就做起了互联网金融，这使企业和消费者双方都得不到应有的保障。想要发展新金融，就要提倡有经验、有能力的大公司去做。所以可以拉高准入门槛，比如可以允许互联网行业做 P2P，但首先要缴纳高额保障金，这可以把很多潜在风险降低，保障消费者利益。

第二，新金融监管要注重制度创新。

新金融的监管制度应根据不同业务性质和风险水平，以透明化、市场化和规范化为方向，兼顾创新与监管。新金融的去中心化、交互性、服务长尾以及注重创新和体验，可以弥补传统金融的不足。但由于不了解金融行业，因此新金融在极大创新了金融业态的同时，也造成了一定的监管真空和风险隐患，如果不重视系统风险发生的可能性，就会持续发生类似 2015 年底集中爆发的 P2P 非法集资事件。

发展互联网需要规则和监管，如对新浪微博与淘宝网的治理。同样，新金融行业亟须匹配合理的监管制度。一方面，通过引导给予传统金融一定的创新空间，激发创新积极性，加快信息网络技术和金融业务的结合；另一方面，制定有针对性的监管制度，在尊重互联网金融自身规律的同时，保证资金安全并防范风险。

第三，明晰有效的激励制度。

金融系统的激励制度应如现代企业制度所要求的那样明晰有效。通过委托代理来经营的传统金融行业，其代理人目标与委托人目标并不契合，很难形成"激励相容"。产权往往是最重要的激励因素，产权分配方式决定了代理人的行为。只有清楚明晰地界定产权，使成员间、成员与制度间目标一致，才能更好地实现局部利益与整体利益、长远利益与短期利益的协调，有效提高激励相容度。传统金融在竞争加剧时，仍未被激发出应有的活力，主要是因为市场竞争的外在压力，没转换成追求利润的内在动力。因此，新金融产业要在清晰界定产权的基础上，形成更互联网化的激励结构。

第三章 互联网金融生态圈：资金和资产 + 顶层设计 + 行业自律 + 企业自身建设 + 用户交互

互联网金融生态圈往往与互联网平台紧密相连，其本身拥有较强的互联网运营能力，在顾客转化以及线上渠道合作方面优势明显，较早地构建了自己的生态圈。解构互联网金融生态圈，可以发现资金端和资产端是互联网金融不可或缺的两端，同时，互联网金融需要监管部门的顶层设计，企业和行业方面的信息披露以及产品登记等自律都不可或缺，还要注重用户交互，努力构建场景生态圈。

资金和资产构成互联网金融的两端

建立健全、各司其职、有序合作的完整完善的互联网金融生态圈是目前金融行业的主旋律。在这个过程中，资产和资金是两大核心，是互联网金融的两端，打造互联网金融生态圈，两者缺一不可。互联网金融资金的获取来自线上，资产来源并未发生太大变化。在资产端方面，可以对接融资租赁、商业保理、小贷、房地产中介、典当以及消费金融等多种业态；在资金端方面，可以开放不同的场景和平台合作。

❈ 资产端对接多种金融业态

除了依靠平台自身能力拓展资产之外，对接金融机构资产的方式更有利于发展。新金融企业定位为轻资产平台借力金融机构才能获得更快发展。

例如，天安金交所目前提供的资产主要有三类：第一类是天安财险通过风险控制审查后增加履约保险的资产；第二类是信托、银行等机构提供的结构化产品优先级，并且一个资产包中的多个资产只购买其中 10%～20%；第三类是金融机构协议能够分担风险的资产。

再如，京东金融提供给投资者的投资资产主要来自金融机构的标准化产品，包括货币基金、股票基金、保险产品、券商集合理财等，更多扮演了金融机构资产销售渠道的角色。单纯的销售通道对平台收益的贡献以及给客户的附加值都较小，应该在通道的基础上提供综合财务解决方案。举例来说，传统金融机构未打通账户，也没有动力刺激用户使用账户沉淀资金，而京东金融通过对接底层支付系统，可以在工资到账后代扣理财等，此外，还可以通过智能投资等方式对用户的资金在上述资产配置上提供建议。

又如，博金贷作为江西省互联网金融的龙头企业，系由国有企业、民营企业、社会团体和专家学者共同打造的混合所有制平台。博金贷试图与一些比较大的企业合作，把江西省所有的电商聚集起来，打造一个"互联网＋产业孵化基地"，将互联网金融的相关要素整合在一起。同时在投资人这一端，博金贷通过打造国际学院和众创空间，与投资人进行沟通，以此实现平台、投资人和资产端的健康结合。

❈ 资金端开放不同场景和平台合作

随着互联网金融的快速发展，相关的产业配套早已开始并日趋成熟。比如网贷系统的供应商就有迪蒙科技、融都科技等公司，其中融都科技还成功挂牌新三板，而迪蒙科技也在筹划 IPO。此外，一些为互联网金融平台提供资金端入口和流量入口的第三方服务机构平台也开始出现。

事实上，在资金端如果能够连接资金方和资产端，就可以建立一条产业链。例如，2016 年 6 月，玖富与国内首家互联网保险公司众安保险展开战略合作。玖富优质的消费金融资产通过众安保险旗下"宇宙立方"系统，获得资金对接等服务。同时玖富旗下闪银 wecash 与众安保险采取联合风险控制，对有消费分期需求的消费者进行资信审核和评估。这不仅意味着玖富优质的消费金融资产与风险控制获得了众安保险的肯定，同时也是玖富对众安保险业务模式和技术创新的认可，双方成为各自生态链中的一环，共享资源，相互依靠。

多年来，玖富一直保持"开放共赢"的发展理念，打造资金端和资产端开放平台。资产端方面，接入线上、线下各垂直领域合作伙伴，通过资源共享布局场景金融，丰富资产结构；资金端方面，与联通沃百富等众多平台展开合作，为平台融资方募集资金形成互补关系。目前玖富布局的场景涉及求学、工作、婚恋、购车、购房、医疗美容等多个领域，场景金融生态链越来越完整，实现了从资产到资金多维度建设互联网金融生态圈，开启了金融科技创新与消费金融合作的全新模式。

总之，打造金融生态圈，就是在资产端和资金端发力：打造基于 B2B 的模式，基于融资租赁机构产生一些资金的调拨和来往；打造 C2C 模式，生态圈基础围绕左边融资租赁机构到右边，可以实现 B 和 C 之间的交易流转环节，同时正在着力 B 和 B 之间，再进一步延伸 C 和 C 之间。这样的平台，就是一个具有金融生态属性的平台。

互联网金融需要严格的监管措施，顶层设计最重要

为鼓励金融创新，促进互联网金融健康发展，明确监管责任，规范市场秩序，经党中央、国务院同意，中国人民银行、工业和信息化部、公安部、财政部、国家工商总局、国务院法制办、中国银行业监督管理委员会、中国证券监督管理委员会、中国保险监督管理委员会、国家互联网信息办公室于2015 年 7 月 18 日对外发布了《关于促进互联网金融健康发展的指导意见》（以下简称《互金意见》），这一顶层设计的纲领性文件被称为互联网金融行业"基本法"。

《互金意见》全文共 6000 多字，对与互联网金融相关的方方面面的内容进行了阐述。那么，这部可以视作互联网金融基本法的《互金意见》到底说了些什么？具体内容包括以下七个方面：

❖ 明确了什么是互联网金融

央行有关负责人答记者问时表示，互联网金融是传统金融机构与互联网企业利用互联网技术和信息通信技术实现资金融通、支付、投资和信息中介服务的新型金融业务模式。互联网金融的主要业态包括互联网支付、网络借贷、股权众筹融资、互联网基金销售、互联网保险、互联网信托和互联网消费金融等。

以前没有互联网金融的明确定义，谁都可以说我在做互联网金融，现在，互联网金融这班快车不是随便谁都可以搭了。

◈ **鼓励银行、证券、保险、基金、信托和消费金融等金融机构的加入**

《互金意见》中称，鼓励银行、证券、保险、基金、信托和消费金融等金融机构依托互联网技术，实现传统金融业务与服务转型升级，积极开发基于互联网技术的新产品和新服务。支持有条件的金融机构建设创新型互联网平台开展网络银行、网络证券、网络保险、网络基金销售和网络消费金融等业务。支持互联网企业依法合规设立互联网支付机构、网络借贷平台、股权众筹融资平台、网络金融产品销售平台，建立服务实体经济的多层次金融服务体系，更好地满足中小微企业和个人的投融资需求，进一步拓展普惠金融的广度和深度。鼓励电子商务企业在符合金融法律法规规定的条件下自建和完善线上金融服务体系，有效拓展电商供应链业务。

以前，银行等机构在互联网金融方面都是相当低调的，只做不说，现在应该可以大声喊出"我在做互联网金融"了。

◈ **明确监管责任**

按照《互金意见》，互联网支付业务由人民银行负责监管；网络借贷业务、互联网信托业务、互联网消费金融业务由银监会负责监管；股权众筹融资业务由证监会负责监管；互联网基金销售业务由证监会负责监管；互联网保险业务由保监会负责监管。

◈ **明确资金存管只能在银行**

《互金意见》中称，从业机构应当选择符合条件的银行业金融机构作为资金存管机构，对客户资金进行管理和监督，实现客户资金与从业机构自身资金分账管理。人民银行会同金融监管部门按照职责分工实施监管，并制定相关监管细则。

很多银行之前已经做了相关的资金存管准备，但是监管意见没下来，最终都不敢做，以后应该可以光明正大地做业务了。

❖ 鼓励上市

《互金意见》中称，支持社会资本发起设立互联网金融产业投资基金，推动从业机构与创业投资机构、产业投资基金深度合作。鼓励符合条件的优质从业机构在主板、创业板等境内资本市场上市融资。

很多互联网金融公司对资本市场觊觎已久，但是由于没有监管政策出台，所以只能通过各种办法曲折前进，现在细则出来了，这些公司可以放开手脚前进了。

❖ 明确 P2P 平台只能是信息中介

《互金意见》中称，网络借贷包括个体网络借贷（P2P 网络借贷）和网络小额贷款。个体网络借贷是指个体和个体之间通过互联网平台实现的直接借贷。在个体网络借贷平台上发生的直接借贷行为属于民间借贷范畴，受合同法、民法通则等法律法规以及最高人民法院相关司法解释规范。个体网络借贷要坚持平台功能，为投资方和融资方提供信息交互、撮合、资信评估等中介服务。个体网络借贷机构要明确信息中介性质，主要为借贷双方的直接借贷提供信息服务，不得提供增信服务，不得非法集资。

简单来说，P2P 平台只能是中介平台，而且交易双方必须都是个体，属于民间借贷，也就是说利率要在同期年利率的 4 倍以内。现在很多 P2P 平台，很多是直接审核项目放上来还提供担保，也有的公司为了建立一个平台和另外一个小贷公司来合作，且看以后的发展方向。

❖ 股权众筹明确"公开、小额"

《互金意见》中称，股权众筹融资主要是指通过互联网形式进行公开小额股权融资的活动。股权众筹融资必须通过股权众筹融资中介机构平台（互联网网站或其他类似的电子媒介）进行。

此前的众筹管理办法（征求意见稿）明确众筹只能向特定对象公开，且人数不能超过200人，但是此次《互金意见》中明确了可以公开小额，是一大突破。

行业自律：信息披露以及产品登记都不可或缺

行业自律是互联网金融企业的立身之本。由于现行法律法规缺位，监管主体不明确、监管不力；业界法律定位不明，可能"越界"触碰"法律底线"；资金的第三方存管制度缺失，存在安全隐患；内控制度不健全，民间征信体系有待进一步完善；少部分从业人员职业道德缺失。所以，在政府健全法律法规的同时，金融行业内的企业如何加强自律成为当前一个亟待解决的问题。

❖ 金融行业自律的思路和建议

明确互联网金融发展阶段，是规范发展互联网金融的逻辑前提。总体而言，互联网金融都会经历三个阶段：一是由市场之手带动的自下而上"野蛮生长"阶段；二是动用政府之手，加强管理、完善体系、严控规模的"规范发展"阶段；三是动态优化政府之手和市场之手，实现"稳定增长"的阶段。目前，我国互联网金融发展过于迅猛，"野蛮生长"的特征比较明显。要从"野蛮生长"过渡到"规范发展"和"稳定增长"，须实现政府监管、行业自律和企业创新三个层面相互协同。这其中，需要发挥互联网金融行业自律的关键作用。

互联网金融企业要联合行动，制定并严格执行行业内的规章制度，管理机构要迅速地采取行动规范 P2P 网贷平台的可信性、网络的安全性和资本托管的独立性，并严控打击网络自融的非法集资与诈骗行为，从多方位、多角度切入，改变现有的不规范、不理性的发展乱象，自律自强，为互联网金融健康持续发展保驾护航！

下面是关于金融行业自律的思路和建议：第一，政府鼓励引导互联网金融行业自律，一方面它可以促进互联网金融行业健康规范发展，另一方面我们自律的发展经验可以为国家监管和相关立法部门提供重要的参考；第二，完善互联网金融行业自律组织指导；第三，制定完备可行的互联网金融自律公约；第四，建立健全互联网金融行业自律奖惩机制，以鼓励互联网金融企业自觉遵守行业自律公约，规范其行为；第五，加强从业人员的职业道德建设；第六，促进信息披露和信息共享，搭建自愿平台，定期进行信息披露；第七，强化互联网金融企业的社会责任意识，包括加强责任意识教育、不断提高工作自觉性，强化责任的履行行为，提高工作水平，健全责任管理制度，全面增强制度的保障性。

◈ 充分发挥行业协会的作用

如果说政府监管是互联网金融行业健康发展的根本保证和最直接手段的话，企业创新是推动互联网金融发展的主要动力，那么行业协会则是沟通政府、市场和企业的桥梁和纽带，是实现行业自律、规范行业行为、开展行业服务、保障公平竞争的关键环节。打造"政府外部监管、行业内部引导、企业转型创新"的互联网金融新型治理框架和格局，形成规范发展的合力，离不开这一关键环节的积极自律。

2016 年 3 月 23 日，北京市网贷行业协会（以下简称"协会"）在互联网金融博物馆召开"产品登记与信息披露系统"的发布会。2014 年 4 月 21 日正式上线运营的互联网金融信息服务平台大同行在该系统试运营阶段就已身体力行地参与了产品登记与信息披露，在行业自律方面做出表率，为行业合规化发展做出自己的努力。由此，大同行率先接入产品登记与信息披露系统，成为行业自律的典范。

在"产品登记与信息披露系统"中，"产品登记"一项，旨在通过对网贷平台的金融产品信息进行登记，完成产品信息登记及资金结算流水记录。其作用主要在于通过产品登记及披露，为网贷平台的金融产品进行第三方登记，为网贷平台的产品投资交易进行信息固化，在保护消费者权益的同时也维护网贷平台的权益。"信息披露"的内容包括公司信息、产品信息、经营信息等。公司信息包括经营范围、股东、资质、证照、高管团队、员工等；经营信息则包括公司财务情况、业务经营、合作机构、评级、资金托管。这样投资者可以从多个维度了解该公司的情况。

北京市网贷行业协会在全国率先推出了网贷产品登记和信息披露系统，开始进行行业自律。"产品登记与信息披露系统"的正式上线将有助于提升网贷行业的整体风险控制能力。该系统旨在通过阳光、透明、公开的方式，促进行业健康、稳定、持续地良性发展。目前登录北京市网贷行业协会网站，平台信息和产品信息查询功能都已上线。

士不可以不弘毅，任重而道远，如果金融行业得天时之机，择地利之便，乘势而上，顺势而为，自立自强，定能顺利发展。

自身建设：金融企业如何合规经营

当前，互联网金融行业风险突出，已经对经济金融秩序和社会稳定造成了一定的影响。其中，一些理财机构通过线上及线下集合银行公开的大量理财产品信息，以代理销售等方式向社会公众广泛推荐，并通过其网站、移动APP客户端、网下门店等渠道引导金融消费者预存资金并对外投资，且明示投资标的系对接银行理财产品，严重误导了社会公众。互联网金融领域的风险事件破坏了经济金融秩序，因此必须加强法治建设，以保证互联网金融领域的各个方面运转畅通。然而，人们对合规性的解释和理解仍然存在明显的差异。

❖ 金融企业合规经营的含义

从理论上和实际操作上理解，合规至少有四个层面的含义，即组织管理合规、制度合规、程序合规和结果合规。

第一，组织管理合规。

构建高效运作的合规管理组织架构，既是金融机构有效管理合规风险的前提，也是其实现全面风险管理的基础。根据近几年合规管理的监管要求，银行、证券公司、保险公司等金融机构均已基本建立起合规管理的组织架构，并设立了独立的合规部门或法律合规部门，设置了专职或兼职的合规管理职位，但不少金融机构的合规管理组织架构仍处于初级阶段。因此，金融行业仍需继续对合规管理机制建设加以重视，通过不断完善甚至修正来发挥合规管理工作应有的作用。

金融机构可以按照以下模式设置合规管理的职能和责任：董事会，对金融机构经营活动的合规运行负最终责任；专门委员会，在董事会授权的范围内履行日常合规管理职责，如商业银行的专门委员会，根据授权通过与合规负责人单独面谈或其他有效途径，了解合规政策的实施情况和存在的问题，及时向董事会及高级管理层提出相应的意见和建议，监督合规政策的有效实施等；监事会，"对董事、高级管理人员执行公司职务及其行为的合法、合规性进行监督"；独立董事，对金融机构经营的合规性发表独立意见；合规总监，对金融机构及其工作人员的经营管理和执业行为的合规性进行审查、监督和检查；各部门（各业务条线）及分支机构负责人，对本部门和分支机构合规管理的有效性承担责任；合规管理部门及合规管理岗位，具体负责金融机构的日常合规风险管理；其他风险控制协作部门，如风险管理部、稽核审计部在整个合规风险管理系统当中，同样承担着一定分量的合规管理职能。

需要注意的是，合规风险管理需要配备大量的专业人员，为弥补合规人才的不足，金融机构同时也可以聘请外部机构，如律师事务所等协助进行合规风险管理。例如，根据相关规定，允许商业银行的董事会和高级管理层对合规管理部门工作外包，并确保任何合规管理部门工作的外包安排都受到合规负责人的适当监督；证券公司的合规总监认为必要时，也可以公司名义聘请外部专业机构或人员协助其工作。

第二，制度合规。

一个组织或机构的合规经营关键在于制度合规。企业内部的规章制度必须全面且准确地切合法律法规及制度政策的要求，这是一个最起码的标准。无论是反洗钱、商户准入、消费者利益保护、信息安全，还是财务制度、人事政策，都必须符合相关的法律法规。

第三，程序合规。

制度合规是一个组织或机构合规经营起码的静态要求，但这还不够，在日常业务中需要搭建操作规范和流程来保证制度的落实。所有为落实合规制度而设计的操作规范和流程统称为程序合规。按规定的操作规范和流程去实施，是需要尽力争取的结果。

企业合规经营必须强制落实到操作流程和规范中去。政府应对违规者严厉打击，从而防止和制止违法行为。相比发达国家对违法行为的处罚，国内对检查发现的违法违规的处罚要轻很多，几万元、几十万元或者最多几百万元的罚款，对于受益巨大的违法行为起不到威慑作用。政府监管人员要了解和懂得企业制定的操作流程和规范，并应严格例行检查。很多情况下，政府对违法行为平时检查不力，多采用调研的方式，很少现场开展详细且全面的检查，不能及时发现违法违规问题，导致守法者得不到鼓励，违法者得不到处罚，违法行为得不到遏制。

政府在合规管理上应保护公共利益，以有效率和有效果的方式提供公共服务，不能局限于作为一个监管者的角色，而企业应自我约束，从而建立起和谐的经营环境。

第四，结果合规。

结果合规是合规最好的状态。组织管理、制度、程序和结果四者都合规，是完美的理想状态，现实中未必能实现。制度合规和程序合规并不能保证不出现违规结果。这是因为往往有超小概率事件发生。从投入产出上考量，做到万无一失的成本十分巨大。当出现结果不合规时，政府权力机关如何处置，从轻还是从严，还是"一刀切"以结果为导向，被监管者如何应对和获得公正的处理，都是难以回避的问题。

政府监管机构应该从制度合规和程序合规的检查入手，实事求是地处理。如果一个机构或组织制度不健全、流程不完善、操作不规范，然后出现伤害社会、伤害消费者的后果，理当从重处罚；反之，如果制度健全、流程完善、操作规范，小概率事件不幸发生，导致同样程度的损失，那么就应从轻处罚。

被监管者为避免出现严重后果而受到从重处罚，就有动力健全制度和完善流程，从而使执法和守法之间达到一个正向循环，不断地向法治社会进步。金融业是个被严格监管的行业，法律法规上的限制较多。政府适当的监管应让企业认识到，违规经营隐藏着巨大风险，可能会导致企业关闭，给企业声誉造成无可挽回的巨大损失。

❖ 金融企业如何做到合规经营

金融企业合规经营有利于行业的长远发展，然而在互联网金融平台向"规范"转型的过程中，不能仅被动依靠监管规则的推动，还应从自身出发，牢固树立合规意识，注重风险管理，自觉约束自身行为，进行企业自律。

第一，以稳健合规为发展前提。

当前，第三方支付、P2P 网络借贷、互联网理财、众筹等新的互联网金融业态种类繁多，整体来看，风险主要积聚在 P2P 网贷行业，产生了较大的负面影响。作为合规发展的重要前提，P2P 平台的风险控制体系亟须进行强化与重构。

当前的许多平台还未经历过一个完整的生命周期，因此在风险控制上也没经历有效的考验。对于产品经理以及法律人员、风险控制人员还有技术人员，应该有管理上统调机制，以使他们对风险控制有统一的认识与合适的应对方式。

第二，加强企业自律，完善信息披露制度。

平台信息披露内容的多寡、披露程度的高低是企业自律的体现。然而，当前网贷平台普遍信息披露程度不高，仅对资产情况、贷款余额、成交量等数据进行了披露，而对逾期率、不良率等敏感数据则披露不足。

在当下互联网金融各细分行业监管细则未完全落地、平台尚无法完全达到合规的情况下，金融企业应先着重做好力所能及的信息披露。

第三，关注投资者教育。

投资者教育是金融企业实现投资者权益保护的重要一环。保护投资者最根本的其实是进行投资者教育，让投资者了解自己，懂得收益和风险的关系，把资产做适度分散。在这个过程中，既能了解客户，也能让客户更了解自己。

2016 年 3 月中旬，京东金融与家财网联合发布了《金融消费者权益保护倡议书》（以下简称《倡议书》）。该《倡议书》中包括了"以客户为中心，保证金融消费者的合法权益不受损害"、"强化风险提示与信息披露"、"明码标价、公开透明"、"履行客户信息保密义务"、"有效处理消费者投诉"、"引导金融消费者科学规划、理性投资"、"开展职业操守教育和业务技能培训"等八项内容。京东金融副总裁金麟表示："一个人越年轻收入增长越快，应该能够适度承担风险，获得比较高的收益，但中国居民整个的财富状况与理财观念是不太相符的。金融本身是一个高度复杂的东西，因此，金融消费者的保护有非常重要的意义。"

作为投资者，在选择平台时应注意平台资质、运营时长，了解其是否获得过风险投资、是否进行了完善的信息披露等。投资者要增强风险意识，有了"任何理财产品、任何投资都是有风险的"这一理性的认知，才能打破平台刚性兑付的现状。金融产品有着独特的风险和收益相匹配的特征，没有经过金融普及教育的投资者，因为金融知识的匮乏，对金融产品的风险没有正确和全面的认知，势必会被一些高收益所诱导，从而让自己的投资毫无遮拦地暴露在风险中。

总之，金融企业只有做到合规经营，才能平稳度过行业洗牌期！

用户交互：互联网金融公司如何构建场景生态圈

互联网金融的场景化就是把复杂的、相关联的、需要做风险评估的产品和服务用互联网化的简单思路表现出来，同时做好产品的收益与风险提示。应用场景化就是把互联网金融的快捷、便利、通俗的投资方式用合适的途径传播给广大的投资者和消费者，并融入日常生活。所谓融入日常生活，是把金融的门槛降低，把环绕在金融周围的神秘大幕全部扯开，让金融进入日常百姓生活。

❖ 金融成为跨界融合、场景经济的重要内容

长期以来，金融一直在沿着脱离实体经济运行而相对独立和专业化发展的轨迹发展，形成相对独立的"虚拟经济"业态和运行模式。但随着互联网的发展以及互联互通和跨界融合的增强，金融作为与所有经济活动密切相关的行业领域（现代经济运行的血脉），自然也会成为跨界融合的重点并推动金融"脱实向虚"的发展轨迹发生转变，更多地回归和融入实体经济运行，形成信息流、实物流、资金流、信用流等多流合一、场景化的经济业态或商业模式。相应地，金融也出现越来越明显的近场化、场景化、移动化、长尾化、数字化、去中介化、便捷化、自助化、普惠化等特性。

以专车运营公司为例。与传统的出租车公司不同，专车运营公司首先要有互联网信息与中介平台，包括电子地图和自动定位系统，然后专车和司机要登录平台，并接受资质审查和档案登记；用户需要首先登录平台并下载应用软件，接受平台协议，并捆绑银行或支付公司账户，保证能够使用空中钱

包支付车费（而不能使用现金或银行卡，以防用户下车后逃跑）；用户用车时，平台在用户定位后马上会显示周边有哪些车、什么款式或档次的车、大概路程和时间，以供用户选择；用户选定车并输入目的地后，平台即可告知大概的里程、用时和费用，避免司机故意绕路多收费；到达目的地后，平台会自动从用户空中钱包中扣款并通知用户（手机短信），司机和用户都不需对收付费进行操作；司机、用户有何问题，平台可以随时监控和事后核查，不会像出租车那样很容易找不到司机或用户。甚至司机或用户有严重不良行为，平台完全可以将其列入黑名单，将其排除到平台之外，从而推进社会信誉和文明发展；平台更多的是将社会的车辆聚集起来进行共享，非常有利于社会资源的有效利用，推动共享经济发展。这其中，资金支付与清算、个人征信和约束等金融活动已经完全融合在专车运营体系之中了。

应用场景化和移动支付的概念是相伴随的。互联网金融如果没有第三方支付机构的成熟支付支撑，也就失去了最核心的资金快捷融通的功能，无法继续发展下去。在以电商金融为基础的成熟模式上，互联网的第三方支付等于是为电商小贷、在线理财 P2P 以及其他互联网金融模式提供了最好的基础架构。而应用场景化的概念，在互联网金融领域，大多的趋势是把客户从 PC端的体验转移到手机移动端，让互联网金融成为一个随身携带的理财钱包、融资工具和支付方式。从这个意义上说，互联网金融还有很大的市场空间，不论是在渠道还是在客户的培养上。

❖ 互联网金融公司如何构建场景生态圈

构建金融生态场景要围绕"个人"和"企业"这两个资产端的源头，构建 C 端和 B 端场景。在互联网场景里获取数据，信用由数据背书；资产在场景中直接呈现，投资在场景中直接完成。这样一来，就使得"资本的逐利性"和"生产率提升"这对矛盾，在一个个场景中统一、融合、进化。

第一，互联网场景金融的 C 端模式。

面对 C 端的互联网企业，不管是垂直领域的还是平台型的，都应该构建三个场景：花钱的生态圈、赚钱的生态圈、社交的生态圈。这是因为，一个人大部分的社会活动都是和钱包紧密相关的，而一个支付钱包的三大功能就是花钱、赚钱和转钱。对一个 C 端数据的完整采集，应该围绕支付钱包的三大功能来构建基础场景。然后逐步增添三个场景中的物种，让这些场景进化为一个完整的大生态圈。同时补充硬件入口（手机、电视、穿戴设备等）、线下入口（便利店、物业公司等）。在互联网时代，数据的全面性、完整性、实时性，就是要在一个个场景的构建中去完善、去采集。任何面对 C 端的互联网企业，想要自己的应用具备高黏性和频繁的打开率，都应该从支付钱包的三大功能入手，构建对应的场景。

面对 C 端的互联网公司，不管刚开始从哪一个场景切入，在战略上，一定要整体规划这三个场景的布局。平台型的自不用说，这样做是必需的，垂直型的也一样可以构建和垂直领域相关的"融资或众筹的投资场景、爆款产品的消费场景、粉丝互动的社交场景"，构建这小三圈来对应支付钱包的三大功能。

一家好的面对 C 端的互联网公司，应该做到用户能够自然地游弋在三个场景中。让赚到的钱花出去，让花出去的钱赚回来，在社区中分享好的消费产品和愉快的投资体验，发布的信息和评价再由自己的信用做背书。C 端用户信用背书的评价再给消费场景和投资场景中的物种背书。拥有权拆分为使用权的分享机制，也可以在社区中通过信用等级配对来实现陌生人的资源分享。一个舒适的、闭环的场景，才有机会被用户高频使用，最终达到获取数据的目的。场景获取数据，数据完善信用，信用进化场景，形成这样的可以不断自我进化生态机制的互联网公司，在未来的竞争中必将更加具备优势。

第二，互联网场景金融的 B 端模式。

相对于个人而言，企业首先要通过互联网的场景来收集数据，其次要通过数据进行企业信用评级，最后通过信用等级产生资产包，完善和反哺场景。

这个难度是呈几何级增加的。首先，角色增加了很多。供应链上有供应商、工贸商、核心企业、经销商、C 端用户。服务于供应链的有金融机构、物流公司、供应链服务商等。角色和角色之间，有一一对应、一多对应、多多对应。每一种对应，就是一个场景。其次，每一个场景，在线上化的过程中，也有非常多的难点需要攻克：一是数据的标准化。每一个企业数据的记录方式、方法各有不同，凌乱、缺失等情况普遍存在。二是数据传递的语言也不尽统一，造成打通和传输的困难。三是数据采集的质量和完整性。因为每个角色的商业利益都存在博弈。在一个大利益共同体的观念和机制建立起来之前，数据采集的难度是非常大的。这也是面对 C 端的互联网商业模式层出不穷，"红海"一片，而产业互联网、线上供应链等涉及企业的互联网模式迟迟没有启动的深层原因。

下面我们来梳理一下几个角色之间比较常见的几种场景。如图 3 - 1、图 3 - 2、图 3 - 3、图 3 - 4 所示。

B——F

图 3 - 1　场景 1：企业对应金融机构场景

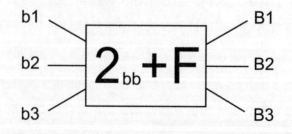

图 3 - 2　场景 2：工贸商加金融机构对应上下游企业场景

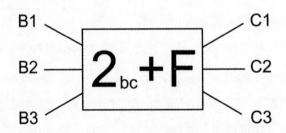

图 3-3　场景 3：经销商加金融机构对应上游供货商和终端 C 用户场景

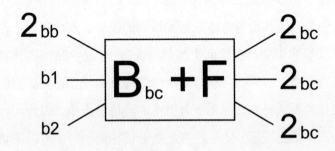

图 3-4　场景 4：核心企业加金融机构对应上游供应商或工贸商和下游经销商场景

　　在以上场景中，都可以融入物流公司和供应链服务商这两个角色。有时候，物流公司和供应链服务商还会在这些场景中成为核心成员。互联网对于 B 端的场景金融核心解决的是两大需求：流动性需求和风险控制需求。

　　在"场景 1"中，只有企业和银行两个角色。传统的做法是银行线下做风险控制，然后放款。这个场景线上化，是通过企业内部信息系统（如 ERP 系统）和银行打通。如果加入物流公司和供应链服务商的角色，核心还是通过这两个角色更多地获取企业的信息。从货物层面、资金层面、销售层面、成本层面全方位地获取企业数据。通过数据进行信用评级，确定资产价值，实现风险控制的目的。数据获取的方式越来越线上化的过程，也就是效率提升的过程、成本降低的过程。当风险控制成本降低到临界点时，小额、短期的流动性需求也就可以被满足了。所以，在这个场景中，风险控制需求被很好地解决后，流动性需求也会迎刃而解。

在"场景2"和"场景3"中，线上化的案例相对较多，例如上海钢联是工贸商构建的线上场景、京东和苏宁云商是经销商构建的线上场景等。供应链中的两个"2"，工贸商和经销商，率先切入线上供应链金融构建场景，这也比较好理解。任何行业，互联网首先切入的一定是信息撮合场景，如工贸商撮合的是上下游企业，经销商撮合的是产品和终端用户。在信息撮合的过程中，被撮合的双方都会有金融需求。那么，工贸商和经销商作为中介，在传统撮合中就具备获取各方面信息和数据的优势。在此基础上，构建线上生态是自然而然的事情。在这两个场景中，对于企业端的风险控制和贷款，主要还是通过商票、银票、货物等实物的质押来实现，物流数据和订单数据都成为其征信的有效补充。但不会有很多的纯信贷产生，因为相对而言，工贸商和经销商采集的数据一定是在资金或者货物流动时才可以采集到，无法获取供应链企业内部的管理数据，数据的完整性不充足。因此，纯粹基于信用的贷款项目是很难产生的。对于流动性需求，主要是由外部资金来支持，银行、大股东或者自建P2P平台来募集资金。

在"场景4"中，通常是输出核心企业的信用给上下游企业，从而获得金融机构的贷款。

规模较大的核心企业，通常还会成立自己的金融机构（受银监会监管的财务公司）来完成核心企业商票的内部流通。核心企业加金融机构的线上化场景，在未来是最有价值的。首先，在流动性需求上，这个场景可实现的创新模式最多。因为商票或银票都是由核心企业发出的，所以票据的内部流通被供应链各方普遍接受。因此，票据的大拆小、应付款的打折拍卖、构建票据池等这些创新功能被线上化之后，可以大大提升流动性。其次，在风险控制需求上，针对供应链内上下游企业的信贷需求，可以构建一个以核心企业为中心的供应链云征信系统，采集上下游企业的内部经营数据。由核心企业实时把控这个供应链的动态健康度，并在需要的时候，支持上下游企业的资金需求。虽然供应链各方利益存在博弈，但对于供应链中的工贸商和经销商来说，核心企业是更有机会通过商务磋商，来实现大利益共同体的理念灌输的。毕竟，未来的竞争绝不是一个企业的竞争，而是整个供应链的竞争。核心企业在考虑到利润最大化的同时，更应该关注上下游企业的健康成长。合理的利润输出，才能够保证核心企业产品质量和产量的稳定，才能保证整个供应链的整体发展。在未来的竞争中，如果不前瞻性地考虑到这一点，那将是核心企业战略上的重大失误。最后，这个场景是最靠近资产端的。互联网的本质是去中介的，当下还有中介存在，甚至以互联网的方式存在，原因是这个中介的功能相对复杂。互联网短时间内无法替代，但这也只是时间问题。10 年甚至 50 年后，直融直投的场景化趋势是必然结果。

　　现在，资产端来源于企业的 P2P。这些 P2P 公司大多数有互联网基因，具备很强的获取 C 的能力，说穿了就是能够拥有资金端。实际意义是掌握了P2P 中的一个 P。而真正通过自己的风险控制团队去获取企业资产包的凤毛麟角。就算自己团队做了风险控制，因为违规 P2P 的存在，老百姓也不信。所以，找金融机构背书，或者找超级大股东背书，成为这些 P2P 企业不得不做的一件事。有的 P2P 公司说他们有多少多少用户，其实用户从来就不是他们的，用户就是他自己。由于信息不对称或者账号跨越的不便捷，可能他们目前暂时停留在这里。未来，账号之间的流动性会越来越便捷，优质资产的信息会越来越方便地被获取。一个用户拥有上百个金融账号会非常普遍。资本都是逐利的，一旦多账号之间的流动性问题被解决，没有场景的、没有资产端把控度的互联网金融企业，就无法再留住客户。因此，基于企业资产端的 P2P，最合理的还是应该从产业的核心企业中诞生。金融机构＋产业核心企业联合成立金融控制平台，构建上述的几个供应链金融场景，也许是未来的产业 P2P 之路。金融机构和产业核心企业联合成立金融控制平台，有两层积极意义：一是金融机构的介入，可以有效地帮助核心企业抵御行业周期性风险，提供流动性支持；二是金融机构由债权方式转变为股权方式介入企业，有效解决了之前金融机构只会锦上添花、不会雪中送炭的问题，也解决了资金合理流向产业需求点的问题。

在未来，在所有的交易场景中，最大限度地获取数据，包括资产本身的数据、资产来源方的数据、风险承担方的数据等，都应该被动态化地把控。在一个动态模型中，生成一个动态的资产等级。做到实时把握资产的真实价值，在这样的场景进化中，将会有非常多的金融创新需求。每一次更靠近资产端的互联网金融创新，才是真正值得敬畏的。

利用互联网这个工具，是一个去中心的过程，金融行业也不例外。越靠近资产端，越靠近场景，才越有生命力。未来的互联网金融，应该是以数据为根本，以个人金融场景和产业金融场景为两翼的金融生态。在场景构建的过程中，将金融碎片化。金融最终的意义应该服务于实体，在交易场景中信手拈来，无处不在。只有这样的金融企业，才有机会在未来的竞争中立于不败之地。

第四章 银行新金融生态圈：
银行改革与金融生态圈建设

银行互联网化已全面开花，无论是国有银行/全国性商业银行，还是城商行/区域性银行，都在频频"触网"。其中，中国工商银行、中国建设银行、中国银行、中国农业银行、交通银行作为先锋，效果显著。从各家银行的互联网战略来看，无论是开通直销银行、自建电商、开通手机银行新功能，还是拓展移动支付新场景，其最终目的都是打造一个以互联网为背景、基于移动端的、全方位的移动金融生态圈。

以银行为核心的金融生态圈模型的构建

同自然生态系统一样，在金融生态圈中，存在着各种金融生态主体和金融生态环境，它们之间也是彼此依存、相互影响和共同发展的。在金融生态圈中，金融生态主体主要是指那些提供金融产品和金融服务的机构，而金融生态环境则包括国家的一系列金融政策、国家的信用环境、国家的法律环境、居民和政府行为等。各金融生态主体就像自然生态系统中的各物种一样，物种之间既会为同一资源发生竞争，又会互利共生。金融主体的存在与发展也离不开金融生态环境，就像植物的生存离不开阳光一样，一方面金融生态环境构成金融生态主体的活动空间和服务对象，它决定着金融生态主体的生存条件、健康状况、运行方式和发展方向；另一方面，金融主体则以引导资源配置对金融生态环境发挥着积极的反作用。

结合生态学建立一个以银行为核心的金融生态圈，具体模型如图 4 - 1 所示。

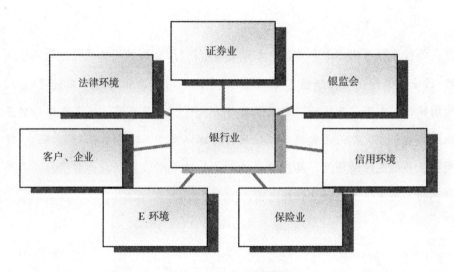

图 4 - 1　金融生态圈模型

首先需要说明两点：这个生态圈还随时都可能有外资银行的介入；在这个金融生态圈中，银行是核心，因此所有的分析都是站在银行的角度来看的。

银行业作为这个金融生态圈的核心物种，与其构成竞争关系的物种有证券业和保险业；与其构成共生关系的物种是客户与企业；银监会则作为食物链上一种高于银行业的物种监督并控制着银行的行为；法律环境、信用环境和 E 环境就像自然生态系统中的自然环境一样，金融主体的生存及发展都离不开这些金融生态环境，又受制于金融生态环境。在一段时间内，这个由金融主体及金融生态环境构成的金融生态圈会达到平衡，但不一定是最优的，若金融生态圈中无一个要素发生变化，则将维持这个平衡；而外资银行的介入将打破原有的平衡，若整个金融生态圈能做出积极的调整和应对，那么仍能达到一个新的平衡，若调整不当，便会造成金融生态圈的失调。生物与生物之间通过吃与被吃的食物关系形成了一条一环扣一环的链条，称为食物链，食物链贯穿于整个自然生态系统中，那么在金融业中，是靠资金链和信用链将整个金融生态圈并联和串联起来的。

❖ 单一物种的优化——银行同业间的竞争

银行作为金融生态圈中的物种之一，同个物种之间也必然存在着激烈的竞争。自然界通过"物竞天择，适者生存"的过程，优胜劣汰，使优良的个体和种群生存并得以发展，如此不断推进了生物的进化。商业银行的竞争是生存竞争，适者生存，合理者生存，生态系统中"存在就是合理"的规律同样适合商业银行的竞争和发展。竞争有利于人类社会的进步，也有利于商业银行自身的发展和进化。

银行业的垄断必然会造成其低效率，垄断的主体往往较脆弱，需要政策保护，就像珍稀保护物种在人类的悉心照顾下小心翼翼地生存下来，但其终究是受不了外界环境的任何变化的，任何变化都会使它们不能适应甚至崩溃。所以国家保护之下的银行必然是不能适应这个金融自由化的大背景的，必须引入竞争机制，让银行业在竞争中逐渐强大起来。

❖ 子系统的优化——银行业、证券业和保险业的竞争

在这个金融生态圈中，有若干个子系统，其银行业子系统、证券业子系统、保险业子系统被强行分离，资金无法顺畅地在各子系统之间流动，造成了资金链的人为断裂，使资金无法发挥其最大的效率。自然生态系统中的物

种都是靠食物链连接起来，通过激烈竞争关系来完成物种的进化，从而实现整个自然生态系统的优化。类似地，金融业的混业经营是大势所趋。

金融业的混业经营是指银行、证券公司、保险公司等机构的业务相互渗透、交叉，而不仅局限于自身分业经营的业务范围。混业经营带来的资金链顺畅和业务竞争必将使整个金融生态圈优化，业务交叉和激烈的竞争又会使各金融生态主体有更强的竞争能力。

◈ 新物种的产生——外资银行的进入

外资银行的进入必然会给国内银行带来生存威胁，为了生存，双方必然会展开激烈的角逐。外资银行的逐渐进入相当于一个新的物种进入，这必然会给原有金融生态圈中的金融生态主体带来威胁，也会打乱这个金融生态圈原来的平衡状态。

但从生态学的意义上看，仅有羊而没有狼的生态系统不是完美的生态系统。因为狼的存在，有利于竞争，可优胜劣汰，使羊在数量上得到合理的控制，质量上得以提高。外资银行的进入带来的经营压力会迫使国内的银行不断创新并提高自己的业务能力来跟外资抗衡。所以我们既要预见到外资银行进入带来的威胁，也要看到其带来的竞争有可能使得我们的银行业更加强大。这种优化是建立在国内银行业采取积极应对的基础上的，若在外资银行进入后，国内银行业仍然不思变革，那势必会被强大的外资银行所吞没，我们都希望国内的银行业在强大的竞争压力下成长起来，而外资银行就提供了这种压力。

◈ 与物种适配——金融生态环境

空气、水、土壤等是生物赖以生存的环境，叫自然环境。生物进化就是生物与环境交互作用的结果。生物在生活过程中不断地由环境输入并向其输出物质，而被生物改变的环境又反过来影响或选择生物，两者总是朝着相互适应的协同方向发展。但如果出现相互不适配的情况，则会相互产生一种反作用。所以，金融生态环境一定要与金融主体的发展相匹配，千万不能有"拖后腿"的现象发生。

必须指出的是，银行业是这个金融生态圈中最薄弱的一环，所以作为核心的银行业的改革会优化金融生态圈，带来整个金融生态圈的和谐发展。银行改革的具体方法如下：一是以产权改革打造现代金融生态主体。国有银行产权所有的实质性缺位和其在金融生态圈内的主体作用使得加快产权改革成为当务之急。降低民营金融准入门槛，在建立存款保险制度、加强内控防止关联交易等前提下积极稳健地创建民营银行，为金融生态圈输入新鲜血液。二是提高银行这个金融主体的抗风险能力与经营能力。在这个高风险的机构内，没有一个严密的风险管理体系是不行的。还要创新和拓展银行业务。一来是银行必须大力发展稳定性较高以及风险较低的中间业务，二来是银行也应顺应电子化的潮流，积极创建网上银行和银行电子产品。三是合理地开放外资银行。我们往往将外资的进入视为威胁，有"狼来了"的感觉，但恰恰是外资银行的进入强化了中国银行业的竞争，从而促使我们走出银行业改革的困境，推动银行业的改革。对外资开放可采取以下几种形式：允许购买国有银行二级法人的部分产权；合资创办新银行；外资独资经营。四是建立完善的信用体系和法律制度。随着我国金融改革的深化，金融风险的表现形式不断变化，新的信用问题和法律问题将会越来越多。建立一个良好的信用环境和金融法制环境，仍然是一项紧迫的任务和持久的使命。

中国工商银行：互联网金融品牌
E – ICBC 从发布到升级

中国工商银行（以下简称"工行"）是国有五大行中最早也最全面打造金融生态圈的银行。2015 年 3 月，工行发布了互联网金融品牌 E – ICBC，初步构建起三位一体的互联网金融平台，被称为互联网金融 1.0 时代；9 月，工行互联网金融战略升级，再次发布以"三平台 + 一中心"为主体，覆盖和贯通金融服务、电子商务、社交生活的互联网金融整体架构的 E – ICBC2.0 版本，实现了全面升级。

❖ **E – ICBC1.0 版本：三大平台 + 三大产品线**

互联网金融品牌 E – ICBC 主要包括三大平台和三大产品线。三大平台，即"融 E 购"电商平台、"融 E 联"即时通讯平台和"融 E 行"直销银行平台三大平台；三大产品线，即支付、融资和投资理财，包括"工银 E 支付"、"逸贷"、"网贷通"、"工银 E 投资"、"大学生 E 服务"、"商友俱乐部"等一系列互联网金融产品，以及"支付 + 融资"、"线上 + 线下"、"渠道 + 实时"等多场景应用。

电商平台"融 E 购"包括针对个人的 B2C 模式及针对商户企业的 B2B 模式。其中的 B2B 模式呈现了五大特色：一是为企业商城在线撮合、商品销售、结算和融资服务；二是投资银行服务，提供信息发布和投融资的安排，并购需求可以发布；三是大宗商品服务，在金融环节嵌入大型物资贸易中心提供账户管理交易结算融资和信息服务；四是在航运平台提供在线首付款线上融资和业务管理；五是该平台还推出了集中采购功能，把该行的采购平台应运到社会上其他具有需求的企业。"融E购"电商平台对外营业14个月时间，注册用户已达1600万户，累计交易金额突破1000亿元，交易量进入国内十大电商之列。

即时通信平台"融E联"包括专属客户经理的个性化金融服务、丰富的信息服务与交易功能、具有针对性的营销宣传以及专业的金融交流圈等多项服务。自建即时通信平台，可以有效规避使用第三方通信平台带来的客户信息泄露风险，把客户信息全部留在银行。

"融E行"直销银行平台开启了客户体验新模式。它主要推出存款、投资、交易三大类服务。其中，存款包括定期存款、通知存款以及一款名为"节节高"的产品。在投资服务中，主要提供货币基金、分红险以及一款56天的非保本浮动收益型理财产品。交易类服务则提供黄金、白银、积存金三个品种的在线交易。

除了三大平台外，三大产品线上的互联网金融产品自运营后也分别取得了不错的成绩。例如，具有小额、快捷特点的新型支付产品"工银E支付"，经过一年时间的拓展，账户数超过5000万户，交易额650亿元，并发交易处理能力达到每秒1120万笔；基于客户线上线下直接消费的信用贷款产品"逸贷"余额超过1700亿元，2015年累放2300亿元，与全国P2P网贷成交额之和基本相当；契合小微企业"短、频、急"融资需求的互联网贷款产品"网贷通"，已累计向6.9万客户发放贷款1.6万亿元，余额近2500亿元，是目前国内单体金额最大的网络融资产品；用于贵金属、原油等投资交易的"工银E投资"平台客户超过15万户，是目前国内银行业界唯一面向个人投资者的产品交易平台；针对年轻客户群体推出的"大学生E服务"、针对商旅客户打造的"商友俱乐部"平台，契合不同客户群体需求的差异化服务得到了较快发展。

❖ E-ICBC2.0 版本：三平台+一中心

2015 年 9 月 29 日，工行发布的 E-ICBC2.0 版本，构筑起了以"三平台+一中心"（融 E 联即时通讯平台、融 E 购电商平台、融 E 行直销银行平台和网络融资中心）为主体，覆盖和贯通金融服务、电子商务、社交生活的互联网金融整体架构。

工行此次互联网金融升级发展战略中的"三平台"包括业务领域已涵盖 B2C、B2B、B2G（集团采购）的"融 E 购"电商平台；银行与企业、银行与客户以及银行内部实时沟通的"融 E 联"即时通讯平台；实行业务、客户、平台全面开放，实现整个网上业务全部直销的"融 E 行"平台。这三大平台集中承载工行的互联网金融业务，并作为面向客户的主要应用入口，通过开放共享机制，形成了一个服务数亿客户群的互联网金融新生态。

"一中心"则是于 2015 年 9 月 29 日当天正式挂牌成立的网络融资中心。在后来的运营过程中，该中心作为工行信贷标准化、互联网化运营的平台，运用互联网与大数据技术，实现了信贷业务，尤其是小微和个人金融业务在风险可控基础上的批量化发展，为客户带来了"无地域、无时差、一键即贷"的良好体验。

工行依托三大平台的建设和互联网金融营销服务的新机制，实现了融资、支付、投资理财三大产品线的快速发展。在移动生活服务支持方面，工行可谓下足了功夫，通过工行手机银行，客户可以非常方便地缴纳水、电、煤、气等日常生活服务费，可以收到工行实时为客户推荐的各种优惠活动，可以完成手机充值、机票酒店预订、医疗缴费、缴纳交通罚款、无卡取现、网点预约等各种便民服务。此外，工行全新推出的手机银行还提供转账汇款智能管理、无卡他行客户注册、个性化定制、关联交易快速定位、金融信息实时更新、购物一键支付、悬浮窗式在线客服、同步链接"融 E 购"网上商城、社区化客户分享机制等多项实用特色功能，客户可以在移动端随心所欲地获取日常金融服务及投资理财信息。

商业银行的"银行＋支付＋生活＋商务＋社交"移动金融生态圈

在移动互联网时代，用户的需求正在发生新的变化，进而使银行的金融服务呈现出移动化、场景化和多元化三个"新常态"，同时也标志着商业银行移动金融生态开始形成。商业银行需要坚持实施移动优先战略，依托互联网、云计算、大数据等先进技术，充分借助移动智能终端，为客户提供随时、随地、随身的服务。同时，在互联网技术的推动下，当前客户获取信息、接受服务的方式已由被动接受变为主动选择，金融服务场景化要求银行从各场景的客户痛点切入，变被动等待客户为主动通过不同应用软件（APP）将产品服务嵌入客户的各种生活场景中，并从场景中获取客户。

具体来说，商业银行移动金融生态圈要求相关企业在准确把握原则的基础上，聚焦移动银行、移动支付、移动生活、移动商务、移动社交五大领域。

◈ 优先构建移动银行

移动银行是商业银行移动金融生态圈的核心组成部分，是银行、保险、证券等金融服务的主要载体。

作为移动金融生态的引领者，商业银行需要扬长避短，把移动银行，尤其是手机银行作为现阶段的重中之重。现阶段商业银行推动手机银行快速发展，可以从三个领域寻求突破：一是扩展跨行服务能力，实现从服务特定客户群体向服务全量客户转变。二是加大线上全流程投融资产品创新。2015 年中国建设银行推出真正意义上的全线上信贷产品——"快贷"，其流程简短，不到两分钟就可以完成贷款申请和发放。三是积极拓展特色线上到线下（O2O）应用。线下物理网点和线上渠道信息交互共享，流程无缝对接，协同创造效益。

❖ 大力发展移动支付

移动支付在商业银行移动金融生态圈中发挥着串联各种金融、非金融应用场景的纽带作用。

支付作为一种基础金融服务，上可以上升到经济金融"大动脉"，下可以渗透到百姓生活的各条"毛细血管"，早已成为互联网时代铺设客户入口、吸引客户注意、增强客户黏性的重要途径，对商业银行引领建构移动金融生态有着至关重要的意义。现阶段商业银行大力发展移动支付应着重做好两方面的工作：一是要不断丰富应用场景。充分利用大数据对客户实现细分，把移动支付真正融入客户的各种生活场景中去，形成千千万万个银行与商户、客户的支付圈。二是不断提高智能化水平。支付智能化永远在路上，商业银行要做好充分的技术储备，积极拥抱指纹、虹膜、声波、人脸识别等生物特征认证技术和手机、手表等创新支付媒介。

❖ 积极拓展移动生活

移动生活是指围绕用户日常生活提供缴费、优惠等服务，是商业银行移动金融生态圈的重要组成部分。

为进一步增强客户黏性，近年来不少商业银行均开始把服务触角延伸到客户的日常生活，例如提供生活缴费类服务。移动金融生态下的商业银行移动生活服务，除了应满足用户日常的缴费需求外，还应该向提供全面生活服务扩展，提供企业级的全场景移动生活服务。同时，商业银行还应联合第三方供应商，共同打造为客户衣食住行等生活行为提供各种优惠信息的平台，实现基于位置、偏好、收入等因素的精准投放和实时推送，为客户提供便捷新颖的生活体验。

❖ 加快发展移动商务

移动商务专注于根据用户消费行为提供全方位增值服务，提升生态价值。

经济新常态下，客户对商务的需求尤为旺盛，迫切需要商业银行加快平台建设，加大客户资源整合，加速内生需求激活。商业银行拥有庞大的客户基础、众多的机构网点、海量的数据信息，具备发展移动商务的先天优势。例如，2012 年中国建设银行推出"善融商务"电商平台，主要以网络金融、普惠金融、场景金融为特色。

❖ 坚持推进移动社交

移动社交是银行与用户沟通交流、进行业务营销宣传的重要方式。

社交是人的基本需要。在移动金融生态圈中社交不可或缺，现阶段商业银行移动社交应主要定位于围绕金融服务，开展更为有效的社会化网络服务。当前可以从两个层面进行推进：一是加强外部合作，借助成熟的社交网络服务客户。如注册银行官方微信、微博，为客户提供查询、智能客服等服务，并通过这些社交工具开展高效的营销推广活动。二是建立基于场景服务的交互平台，在客户服务的场景中融入智能、在线、视频客服等交互服务，收集客户使用体验，倾听客户之声。

构建移动金融生态是一项巨大的系统工程。商业银行唯有创新驱动，驰而不息，不断致力于完善和创新产品、服务和体验，才能推动生态系统从无到有、从小到大、从大到强。

中国建设银行全渠道产品和服务
高度融合的互联网金融体系

　　面对"互联网＋"给传统行业带来的挑战，中国建设银行（以下简称"建行"）始终坚持牢牢把握以客户为中心，用互联网的思维和方法来推进战略转型，围绕"综合性、多功能、集约化"的经营战略，努力构建与全渠道产品和服务高度融合的全方位互联网金融体系，不断提升客户体验。正如建行人士所说："我们追求的不是孤立于集团主业、渠道与体系之外的网络银行，而是以客户为中心，用互联网思维和方法来改造建行，构建与全渠道产品和服务高度融合的全方位互联网金融体系，通过整合多种金融、非金融服务，在平衡风险与收益基础上提升客户体验，为客户实现更大价值。"

　　相对于同业的高调，建行在互联网金融业务发展上更多选择"衔枚疾走"，其不断创造的互联网金融佳绩令市场好奇：建行都做了什么？

❖ 建行手机银行

　　建行是国内第一家推出手机银行业务的商业银行，用户数、交易额、客户活跃度等多项指标持续多年保持同业第一，客户满意度排第一。截至 2015 年 6 月底，手机银行客户数达 1.64 亿户，居同业首位。在异地转账、跨行转账、缴费等交易中，手机银行绝对交易量已超过个人网银，客户终端偏好由 PC 端向移动端转化的趋势非常明显。

　　在应用互联网思维方面，建行打破通过银行账号识别客户的惯常做法，在行业内首创"手机到手机转账"。客户转账时，无论收款方是不是建行手机银行客户，也无论他有没有建行账户，只要输入他的手机号，对方都可以收取款项。在追求交易便捷性的同时，为保证客户资金安全，建行手机银行首创单一设备绑定安全机制，并且对客户做的所有交易全程加密。

建行专为手机银行客户打造的移动金融服务平台，具备转账汇款、缴费支付、投资理财、账户管理、信用卡、手机充值、网点地图等常用功能，还向广大客户提供影票在线、机票预订、大智慧、存贷款计算器、建行商城、二维码消费卡等便捷生活服务。炫酷、流畅的界面设计和新颖实用的功能让用户充分享受移动生活的乐趣，是时刻陪伴在用户身边的理财生活好帮手。

在安全方面，采用数据全程加密、密码超限保护、登录超时控制等机制，并通过用户信息绑定、短信验证等多种安全措施，为用户的资金交易保驾护航。

针对不同类型的手机机型，建行特别推出了客户端手机银行及 WAP 版手机银行，客户可根据自身的实际需求来选择适合的版本。

◈ 建行网上银行

建行是国内同业中第一批推出网上银行服务的商业银行之一。截至 2015 年 6 月底，个人网银客户数达 1.93 亿户，企业网银客户数达到 366 万户，均位居行业前列。为支持国内企业"走出去"战略，近几年建行加快推进国际化战略，目前海外企业网银服务已覆盖亚洲、欧洲、北美洲、大洋洲、非洲五大洲的多个国家。

登录建行个人网上银行，要先到建行的官方网站注册（存折或卡）成为普通用户，注册时必须填写真实的身份证号码和手机号码（移动或联通），然后带上身份证、存折或卡到建行的网点进行签约成为签约用户。存折和卡的区别在于：存折只可以进行网上转账，而卡可以进行网上支付。需要注意的是，一个身份证只允许办理一个网上银行，且需本人持身份证办理；如果以前办理过网上银行，由于某些原因无法使用而需要重新办理时，需先将原来的网上银行注销（如果网上无法注销的话就去银行网点注销），然后才可重新办理；登录建行网银时输入的是身份证号，而不是卡号或存折账号。

❖ 建行微信银行

2013 年 11 月，建行推出微信银行服务，成为最早开通微信银行服务的金融机构之一。截至 2015 年 6 月底，建行累计发展微信银行客户 2066 万户，在同业居于首位。建行微信银行立足于客户体验，丰富服务功能，目前可提供的服务项目逾 3500 项，覆盖全国 300 多个大中城市。此外，还构建了"人工、自助、智能"三位一体的客户服务模式，智能机器人"小微"向客户提供一般自助服务，而客户的个性化需求由人工服务完成，有效提升了服务效率。

建行微信银行除具备基本的账户查询、投资理财等服务外，还创新推出了"微黄金"服务，客户只需拥有建行账户，关注建行微信银行，就可在线购买 10 多款富含现代元素、精致时尚又保值恒久的黄金和纯银饰品，购买成功后，还可包成红包发送给指定好友，或在指定群内发起抢红包活动，便捷且有趣，安全有保障。

为方便客户，建行"悦生活"服务平台已嵌入微信银行，"悦生活"平台具有缴费服务项目 4000 多个，覆盖城市 300 多个，引入互联网服务商 50 余家，提供包括话费充值、购物卡充值、电影票、机票、火车票、酒店预订等全国非金融服务。建行微信银行成为同业为数不多的在微信平台上真正实现金融与非金融服务的综合性平台。

建行微信银行已构建了"微金融"、"悦生活"、"信用卡"三大板块 75 项基础金融功能体系构架，这是建行三大网络服务渠道之一。建行微信银行单条消息平均阅读量突破 40 万，平均点赞数达 4000 次，连续 9 次蝉联"中国企业五百强新媒体指数榜"榜首。

此外，建行还与途牛旅游网联合打造"互联网＋金融"生态圈。2015 年 12 月 15 日，建行与途牛旅游网签署战略合作协议，并发行"途牛龙卡"联名借记卡。建行有关人士认为，互联网金融，抓住就是机遇，抓不住就是挑战。建行是国有五大商业银行之一，站在互联网的风口上只有顺势而为，挖掘自身在大数据应用上所具有的得天独厚的优势和巨大潜力，依托商品流、资金流、信息流"三流合一"打造的经营新模式，才能防止机遇变成挑战。随着人均 GDP 的不断提高和旅游消费升级，国内旅游市场保持高速增长势头，消费者期待更全面的银行卡旅游服务功能。双方达成战略合作以及联名借记卡的推出后，建行与途牛网将开启更为全面的合作领域范围，双方在"互联网＋"的背景下共享客户资源，为建行客户提供更高品质的旅游金融产品和服务，让更多用户享受超值增值服务。

目前，建行已经构建了手机银行、网上银行、微信银行三大网络渠道，"善融商务"、"悦生活"、"惠生活"三大网络生活平台，在线缴费支付、网上投资理财、网络信贷融资三大网络产品线，数据挖掘、"金融云"、"小微"三项智能技术和连接线上线下的 O2O 体系，几乎将网点搬到了线上。

中国银行手机银行领航移动金融生态圈

中国银行（以下简称"中银"）高度重视移动金融服务创新，密切跟进智能终端及移动互联网领域的发展趋势，持续升级产品服务，在市场中创造了多项"第一"，并已成功构建了以手机银行服务为基础的移动金融生态圈。

❖ 中银移动金融生态圈

中银移动金融生态圈建设包括渠道创新、功能创新和体验创新三个方面：

一是渠道创新。中银持续拓展服务渠道，首家推出海外手机银行服务，满足海外客户的移动金融需求，巩固了跨境服务领先优势，进一步完善了海内外一体化渠道服务体系。领先推出手机银行企业服务，全面覆盖主流移动终端，在功能丰富性及操作便捷性等方面优势明显。

二是功能创新。中银快速响应客户需求和市场热点，首家推出小额结售汇服务，支持币种超过 20 余种。依托集团多元化经营优势，首家推出电子渠道车险投保服务。为客户提供二维码转账、掌聚生活等便捷的移动金融服务，以及 ATM 无卡取现、手机取款等线上线下协同服务，成功打造了差异化市场竞争优势。

三是体验创新。中银致力于为客户提供最佳服务体验，在产品研发中引入可用性评测体系，不断提升手机银行使用体验。创新研发多手势互动体系，简单拖拽即可完成查询、转账等操作，服务体验更加智能。成功打造出操作便捷、导航清晰、界面美观的手机银行服务。

❖ "中银掌上行"简介

中银掌上行是中银针对 Windows Phone 8 手机用户推出的手机银行客户端软件。该软件提供自助注册、修改密码、账户管理、转账汇款、存款管理、贷款管理、信用卡、账单缴付、外汇、账户贵金属、基金、理财计划等服务功能，方便客户随时、随地、随心地享用中银专业金融服务。与 WAP 网页方式相比，中银掌上行客户端采用了更加精美的界面设计和更加友好的交互操作，使客户在获得更便捷高效的服务体验的同时，更能节省手机的上网流量。只要用户已开通"中银掌上行"，就可以任意选择使用 WAP 网页或客户端软件方式登录，两种方式使用的登录信息、动态口令相同。

中银掌上行客户端软件对手机银行查询版客户、理财版客户以及贵宾版客户都适用，用户可以根据自身需要，选择下载使用"标准版客户端"或"增值版客户端"。标准版客户端包含手机银行全部金融类业务，增值版客户端则在标准版的基础上增加了手机炒股、电子地图等增值服务。手机炒股可查看股市行情并进行股票买卖交易，电子地图可以查询中银网点信息及乘车路线。

中国农业银行"E农管家"打造 "三农"金融生态圈

中国农业银行（以下简称"农行"）"三农"电商平台"E农管家"以农村商品流通领域为切入点，利用农行庞大的客户资源，将普通农户、农村小商贩和各级批发商连接起来，构建起"三农"互联网金融生态圈。2015年1月1日，"E农管家"在湖北率先上线，截至2015年11月5日交易量达101.39亿元，实现了全省69个县域全覆盖。目前，全国农行系统已有14个省市的分行上线"E农管家"。

◈ 打通物流到村"最后一公里"

由于受县以下物流分散、线上支付难等因素的制约，农村商贸物流一直被隔绝在"互联网＋"之外。农行"E农管家"首期主要解决工业品下乡问题，一头连接县域大型批发商，一头连接广泛分布在田间地头的农家店、新型农场等终端客户。湖北省红安县副食品批发商凯祥商贸有限公司（以下简称"凯祥商贸")是传统企业借助"E农管家"转型的典型代表。

凯祥商贸是一家年销售额达数千万元的企业，过去推销产品靠6台货运车，一家一家门面去推销货物。老板鄢吉柳说："原来我们为每辆车配备一名司机，还配备了一名业务员，有时候客户需要的货品车上没有，车上有的货品客户不需要，经常跑冤枉路。而且都是现金交易，零头经常被客户抹掉了，仅一年就抹掉了1万多元。"接触"E农管家"后，凯祥商贸的经营模式彻底发生了变化。鄢吉柳介绍，"E农管家"相当于展示窗，企业盘点清存货后，商品介绍、推广营销活动只需挂在网页上，就能直达终端客户，不用再靠推销员逐户解释。送货也根据订单发车，一台车只配备一个司机兼业务员，收款可以通过网银、转账电话，也可通过刷配备的平板电脑POS机，不再有现钞抹零损失。鄢吉柳算了笔使用"E农管家"后企业效益的增减账："上线3个月客户数量从600家增加到700家，每个月的营业额增长了5万~6万元。在营业额增加的同时，成本明显降低，一辆车一个月能节省7000元，6辆车节省了4.2万元。一增一降每个月增收10万多元。"

在湖北，这一新型电商平台依托农行全省3万多个"惠农通"服务点，借助1200多家县域批发商自有的送货渠道，打通了物流到村"最后一公里"，解决了"三农"市场信息流、资金流、物流"三流合一"的问题。

✵ "三农"电商辐射千家万户

与一般的农村电商平台不同，在"E农管家"的定位中，首期活跃客户并非一家一户的传统农民，而是兼职担当农行转账电话服务点的农家店。为适应农家店的支付要求，"E农管家"创新打通了转账电话与电子商务的结算系统，让"三农"电商迅速铺展开来，通过农家店辐射千家万户。

在发展农家店的基础上，新型农业经营主体也被网罗进来。位于红安县七里坪镇柳林河村的春晓农庄流转了6000亩山地种植苗木，每年购买农资得花 200 万元。通过"E 农管家","庄主"周学农发现本县就有一个大型农资商贸企业，需要的农资在这里就能备齐。他说，这个平台省去了中间环节，化肥 1 吨就要便宜 200～300 元。经初步测算，通过"E 农管家"去掉中间环节后，抵达田间地头的农资价格平均下降了 20% 以上。

❖ 构建"三农"融资服务新模式

在湖北，农行"E 农管家"已初步形成集电商、金融、缴费、消费于一体的"三农"金融生态圈，已入驻的县域批发商均为年销售额在 3000 万元以上的大型批发商，提供商品 2 万多种。

目前，农行湖北省分行正在向上游延伸"E 农管家"电商平台，发展省级批发商客户，与县域批发商群体对接，并直接拓展一批生产厂家上线平台直接供货。该行已与东风汽车公司达成合作意向，准备上线东风农用车直销业务。同时，在下游加大对家庭农场主、农村种养大户等新型农业经营主体的拓展，通过"E 农管家"的应用，增加了信贷、理财等其他业务服务"三农"。

农行湖北省分行行长朱正罡表示，下一步将以全省 3 万个"惠农通"农家店带动 69 个县域 1500 多个县级龙头批发商，打造一个千亿级电商平台，将实现物理网点和虚拟网点全方位跟进、线上服务和线下服务多维度融合。

"E 农管家"还将致力于解决农产品进城的网上通道。2015 年上半年农行湖北省分行已与武汉白沙洲农副产品交易大市场合作建设农产品交易所系统，该系统将实现农副产品从田间到餐桌的全流程管理。与此同时，农行还将深入挖掘"E 农管家"大数据，通过"E 农管家"积累大量交易订单、支付结算数据，利用云计算、大数据挖掘等技术，开展信用评级，对批发商、农家店种养殖农户发放小额信用贷款，构建"三农"融资服务新模式。与"E 农管家"推广同步，农行正在湖北进一步完善农村基础金融设施，推进以物理网点为骨干、以智慧银行为补充、以金穗惠农通和"E农管家"为支点、以移动金融为延伸的"四位一体"工程，打通金融服务农村的"最后一公里"。

交通银行以互联网思维建立
"金融+生活"生态圈

互联网的发展改变了客户的行为和预期，金融业竞争者日益多元化，加上利率市场化等外部因素，传统银行的竞争和发展面临重重挑战，转型势在必行。交通银行（以下简称"交行"）积极应对"互联网+"时代传统金融生态系统发生的巨大变化，以互联网思维建立"金融+生活"生态圈。

◈ 围绕交易型商户打造"金融+生活"生态圈

交行围绕客户需求和应用场景，以交易型商户为目标群体，精心打造好生意产品，以金融为核心，逐步构建交行金融生态体系。

在以往的收单商户拓展模式下，同质化的单一支付结算、持续的价格战、产品功能服务单一、对商户了解片面、客户黏性低等一系列问题日益成为拓展收单商户的痛点，收单商户发展的数量和质量持续下滑。

通过大量的客户走访和分行调研，交行推出了好生意产品，实现了四个方面的整合：

第一，功能整合。

能提供包括商品管理、营销管理、收银管理、财务管理、财富管理等多项商户在企业经营和资产增值过程中最实用的功能。特别是提供了多元化的支付功能，包括现金、刷卡、闪付、二维码等支付功能，可对接多家银行，支持各种支付场景。这完全体现了交行正在以一种开放的心态，以客户为中心提供客户想要的产品和服务。

第二，渠道整合。

这是交行的另一个重要创新点，即打通线上线下，建立围绕客户的生活场景小生态。以用餐为例，从客户在线上搜索用餐地点开始，一直到用餐完毕、支付完成、评价分享。在这一整合过程中，客户和商户不断地在线上和线下进行交互，银行在其中通过四个连接（连接商户资源、连接商户系统、连接支付、连接数据）形成了线上商户优惠信息发布、个人客户流量导入、线下消费和支付的无缝对接和闭环连接，实现从线上到线下生态圈布局的创新。

第三，信息整合。

在交易过程中，收集到大量的客户信息，包括交易信息、消费偏好等，以此开展客户数据整合和数据分析，构建客户视图，准确洞察客户需求、偏好及变动趋势，从而有针对性地提供个性化、差异化的服务，提升精准营销的水平。

第四，营销整合。

与手机银行优惠资源进行整合，集全行资源重点向手机银行生活频道的O2O优惠券等营销活动倾斜。通过组织特惠商户、好生意商户、金邻惠商户在手机银行发布O2O优惠券，整合商户、分行、总行三方资源形成合力，营造手机银行用户买券用券的热烈氛围，为商户带来实实在在的"到店消费"客户。

交行以"金融+生活"服务有机结合的活动形式，增强了零售客户使用黏性，同时为在手机银行生活板块中建立一批优质有效的特惠商户及商圈提供良好客户基础。

◈ 构建"金融＋生活"生态圈

交行应对挑战的重要策略就是以金融为核心，结合应用场景，满足并挖掘客户需求，将客户的日常生活捆绑在银行产品和服务的周围，由内向外，构建"金融＋生活"的生态体系。

与传统金融体系重网点、重人力、重资本的特点不同，"互联网＋"时代的金融生态体系具有体验至上、场景驱动、数据为王的特征，客户体验受到前所未有的重视，金融服务不断嵌入场景和客户生活，大数据成为重要的战略资产。

互联网金融不是简单地将银行线下业务向线上进行平行迁移，而是在"电子化—互联网化—移动化"的发展趋势下，架构符合互联网商业惯例和用户体验的金融产品销售与服务体系，是在以客户需求为导向的思维下对金融产品和服务流程的互联网式解读和重构，打造以场景为中心的"金融＋生活"生态圈。

◈ 关键在于多渠道之间的无缝整合

交行构建"金融＋生活"生态圈的关键在于多渠道之间的无缝整合。构建"金融＋生活"生态圈的核心是围绕客户和场景开展银行服务，并通过平台的构建和接通实现多渠道之间的无缝化整合。

要实现多渠道统一，各渠道界面要风格一致，交互规范一致，服务质量一致，当然也鼓励各渠道根据自身特点提供更优的客户体验。

第一，渠道规划统一。

多头渠道规划和管理，导致各渠道各自为政，缺乏协作，信息难以打通，流程割裂严重，高度影响客户体验。交行以客户需求为导向，推动渠道的统一规划和管理，包括渠道定位、目标客户群、网点业态分布、功能布局的统筹规划，还要从客户需求和客户体验的视角进行全渠道的资源分配和职能分配，将各渠道的效用最大化。

第二，运营流程统一。

除了统一的渠道规划和管理之外，交行还从纵向流程再造入手，推动关键运营流程跨渠道的无缝衔接。将各产品"端到端"流程中相似的流程步骤标准化，根据客户的渠道偏好进行流程组合，满足客户随时、随地、多渠道均可支持全方位、多功能的服务需求，实现从"部门银行"到"流程银行"的转型。

第三，客户管理统一。

渠道整合后，客户信息需在所有渠道共享，从而加速客户需求的传递，以及银行对产品及服务的响应，这就对统一的跨渠道客户管理系统建设提出要求。信息流的统一管理不仅可帮助银行了解客户的行为习惯、需求变化，同时还可为动态调整渠道资源和职能提供数字依据，包括降低客服人员的工作量、提升首呼解决率、增加精准营销点等。

第四，服务标准统一。

打造无缝化渠道体验还需建立规范统一的服务标准，保证各渠道的一致性。服务标准的统一主要体现在各个渠道界面风格一致、交互规范一致、服务质量一致三个方面。与此同时，也鼓励各渠道根据自身特点设计更优的客户体验。如移动端由于其随身性的特点，未来可能成为多渠道中交互频率最高的渠道，因此应加强双向交互、短流程特点的打造。

❖ 以互联网思维建立"金融＋生活"生态圈

互联网金融是开放的生态系统，单个行业无法为整个互联网产业链提供全部金融服务，因此交行积极推进跨界服务。如与第三方公司合作，推进与战略伙伴的深度合作和业务联盟，聚合信息服务提供商、支付服务提供商、电商企业等多方资源，打造"一站式"金融服务平台，满足客户多样化金融需求。这就需要银行更新服务理念，实现从"等"客户向"拉"客户的转变。

第一，走出去——贴近客户。

要主动走出去，贴近客户，将金融服务融入人们的日常生活中，将银行现有的金融和非金融服务按照应用场景进行模块化整合与分类，推送给客户。如对于用户购房过程中的贷款环节，银行可通过标准化接口将融资服务嵌入其房产开发商的销售流程中。

第二，请进来——引流客户。

要主动请进来，引流客户，在与合作伙伴跨界合作过程中，为非本行客户提供实体、虚拟、注册等多形态的账户体系，降低客户使用本行产品和服务的门槛，拓大客户流量。

第三，建立线上线下一体化开放渠道。

物理网点是银行的既有优势，在互联网金融的建设过程中，一方面，要快速发展包括自动柜员机、销售终端等在内的自助机具，将这些自助设备打造成连接客户的移动网点和触角，成为跨界合作的新支点。另一方面，在线上，银行的服务将依托互联网技术，突破行业的边界，无限延展。银行的各项金融服务将与社会企业机构的服务紧密结合，无缝对接。

总之，在"互联网＋"时代，交行应对挑战的重要策略就是以金融为核心，结合应用场景，满足并挖掘客户需求，将客户的日常生活紧紧地捆绑在银行产品和服务的周围，由内向外，构建"金融＋生活"的生态体系。

第五章　社区新金融生态圈：互联网金融新常态

　　社区电商带来的可观的大数据积累，对于发展社区金融意义重大。因为电商平台拥有众多中小微企业这个庞大的供应商群体，但这些企业或个体却普遍面临融资困境，而电商平台可以通过建立自己的支付终端服务，有效地解决这一问题。从这个意义上说，在社区既玩电商又做金融，是未来社区的发展趋势。事实上，具有这种功能的"社区电商＋社区金融"模式已经出现，如平安银行"口袋社区"智能O2O平台、花样年围绕社区服务开展业务、万科布局社区金融、幸福绿城APP的O2O社区金融服务与起步金融化等。社区新金融已成为互联网金融新常态。

"社区电商＋社区金融"模式

　　社区电商带来的可观的大数据积累，对互联网金融这一市场平台来说是极为重要的。"电商＋金融"这样的组合拳实际上早已经打出，如阿里自从推出余额宝一炮打响之后"根本停不下来"，接二连三又推出招财宝等产品，直至前一阵获批的网商银行；京东也开始从众筹到理财产品，再到消费金融，布局互联网金融的意图明显。这些老牌的电商巨头凭借自身的大数据分析和在征信等方面具备的独特优势，不断扩大互联网金融版图。这一套新组合拳所形成新的金融业态和电子商务大业务市场，已经成为电子商务发展的一个趋势。时至今日，随着互联网金融的发展，"社区电商＋社区金融"模式开始出现，这是社区新金融生态的形式之一，也是互联网金融的创新表现。

◈ "社区电商"和"社区金融"模式分析

社区电商即社区电子商务和社区化的电子商务。社区电子商务是在社区的基础上开展电子商务，而社区化的电子商务，是围绕电子商务的平台研究如何把这个电子商务做成社区化。社区电商，一边低成本地组织用户，一边组织便宜的商品，社区型电商就像一个组织者，在最靠近消费者的地方进行资源匹配。

社区电商是互联网"由虚落实"的又一次重大进步，再一次让互联网改变了公民的生活。互联网衍生出的电商改变了公民的消费习惯，促进了零售业的变革，衍生出的 O2O 又引领服务业的变革，而社区电商则是在传统 B2C 电商、O2O 基础上的升级，进一步开发了互联网在公民生活中发挥的作用。

就社区电商带来的创业机会而言，因为社区生活服务 O2O 针对的是社区居民这一熟人社会，有着"先到先得，先入为主"的特点，若能尽早为社区居民搭建一个真实、快捷、就近、方便、安全的网络购物环境，就可以创造出新的财富爆点。

社区金融是指在社区公众及其组织中所产生的一切金融（银行、证券、保险）需求和银行等金融机构满足其需求的一切活动。社区金融的出现，是金融多元化发展的趋势，金融机构以客户经理制为基础，以投资理财为中心，以高科技手段为条件，以满足社区内业主、组织在金融产品及金融服务方面的全方位需求为目标，并与开发商合作创建、提供具有创新意义的社区及相关的金融产品及服务。

与一般意义上的"社区银行"不同，"社区金融"有效地整合了银行、开发商及社区业主的供给及需求，能够提供全功能的银行业务并满足社区业主在银行、证券及保险等方面的需求，如银行提供企业授信、结算、外汇业务及面向业主的储蓄存款、消费信贷、居家理财、代收代付等各项业务。"社区金融"的一个首要目标是可以构筑在稳定、可靠的信用条件下的金融运行环境，重建市场经济的信誉机制；其次，社区金融是为某一个社区固定的客户提供金融产品与服务，从而为客户满足其个性化、多元化、网络化的需求提供了有效的基础和条件。其业务内容包括：代理各种便民服务，方便居民生活，如代收水电费、电话费、代理非税收收入、代缴交通罚款等；开发销售理财产品，帮助小区业主财富增值；进社区开展金融知识与服务讲座，丰富物业活动；涉足电商，构建社区内网上银行、手机银行、电话银行、短信银行等全渠道的电子服务网络。

以上分析"社区电商"模式和"社区金融"模式旨在说明：电商平台存在众多中、小、微企业，例如淘宝，这些中、小、微企业则在一定程度上构成了电商平台的庞大供应商群体，它们发展的好坏很大程度上影响着电商平台的服务力和可持续发展力，但是这些企业或个体却因融资风险问题很难得到银行的眷顾。而电商平台可以把握这些供应商的营运状态及财务状况的详细数据资料和可控性，加上平台可以通过建立自己的支付终端服务，拥有较长账期的应付资金作为现金流，对这些企业或个体的贷款融资风险具有很强的可控性，因而从这些因素来看，电商做金融业务应该有得天独厚的优势，顺势而为即可。从这个意义上说，在社区既玩电商又做金融，是未来社区的发展趋势。

◈ "社区电商＋社区金融"模式的"奇葩"玩家拉卡拉

作为第三方支付行业的巨头之一，拉卡拉是"社区电商＋社区金融"模式最"奇葩"的玩家。奇就奇在业务模式上，拉卡拉既不是支付宝微信的纯互联网派，也不是银行的传统派，而是将自身定位为社区提供金融服务和电商服务的平台级运营商。

拉卡拉先做了一个支付平台，理论上可以接入任何有收钱和付钱需要的商户和个人；随后极为迅速地占领了几百个城市的数十万家便利店，大张旗鼓提供跨平台信用卡还款服务和缴费服务，机具免费用，不加收手续费。不仅如此，拉卡拉还不断加码，拿了若干"高大上"的牌照在手，并推出超级手机银行；在顺丰、京东等屡屡发展O2O而不得其法之时，拉卡拉将原有便利店升级推出社区电商，直接接入中粮我买网、国美在线之类的电商，通过虚拟货架的形式完成线下购买、线上发货，解决了社区商户在仓储、配送、品类等方面的需求。同时，拉卡拉还用近十年积累的海量数据指导互联网金融产品，推出"替你还"等业务。无论和谁合作，几乎都是别人拿大头，自己拿小头，拉卡拉的模式长期以来一直是让人看不懂，让人觉得累，并越发显得奇葩。但无论怎么质疑，拉卡拉一直在闷头织网，不着急，不解释，然后留下一个个不断增长的数字。

从2005年一头扎入第三方支付行业，拉卡拉就一直守着线下，解决用户缴费和信用卡还款等支付问题。但从2013年下半年开始，社区电商成为拉卡拉的新生意。除了成为一个有效的社区电商销售平台之外，拉卡拉围绕这个平台还有很大想象空间，而涉足互联网金融则可能会是一个水到渠成的选择。

通过提供支付服务，拉卡拉过去几年积累了数千万用户，而每个月都有近2000万人通过拉卡拉还信用卡。基于海量用户过去积累的支付数据，拉卡拉为部分用户开始提供具有标签意义的"替你还"增值业务。"替你还"业务的模式是：用户还信用卡的时候，如果手里没钱，可以申请让拉卡拉替他还，然后再还给拉卡拉。这项业务在内测的第一个月，就发放了5000多笔贷款。如果按照这个数据计算，一年发放贷款会达到6万笔，这是传统小贷公司可能发展几年之后才能达到的业务规模。商户如果使用了拉卡拉的 POS 机，每个月的经营状况，系统里面会有评判，基于经营状况，拉卡拉就会给客户一个授信额度，可以贷款。拉卡拉为什么能够提供金融服务？这主要因为拉卡拉有海量用户，用户过去所有的信用卡使用记录都保存在系统里，而公司的系统可以判断是否可以替用户还，以及可以替用户还多少钱。

在中国，无数的便利店（对拉卡拉来说这就是用户）由于规模小、本钱少，经营品种很有限，借贷也无门，拉卡拉就给它们提供综合性的解决方案。小店可以使用拉卡拉的品牌，对接拉卡拉的电子商务平台和金融平台。拉卡拉不仅帮助小商户解决成本高、效率低等问题，更解决它们进货难、本钱少、融资难等一系列问题。例如，由于便利店使用拉卡拉刷卡，拉卡拉可以在后台根据大数据评估其信用，给小店提供贷款。未来这些蚂蚁雄兵般的线下商户将组成一张纵横交错的电子商务网络，即拉卡拉的"地网"。

例如，大连一家 200 平方米的社区便利店的店主很是苦恼：早前日均 8000 元左右的流水额，如今下降了 1/4，只剩五六千元。这是小店面临的现实，再不改革还会面临更大的问题。基于此，拉卡拉帮助小店规划了几个步骤。拉卡拉的联想系背景使得其可以直接与联想控股的增益供应链紧密结合。它们可以整合更多的优质供应商，包括本地的供应商来为小店提供更好更多样化的货源，并降低进货成本，小店每个月能因此节省 1000～2000 元钱。接下来，它可以使用信用卡，甚至在拉卡拉的帮助下用供应链金融的方式批发进货，免去了占压资金的困扰，能更好盘活现金流。在销售环节，小店使用拉卡拉的开店宝可以直接对 C 端进行销售，卖电视、卖手机也成为可能。同时，在拉卡拉的专业指导下，小店还可以去运营微信公众号，这种时下流行且亲和大众的营销及服务方式，不仅能黏住原有到店用户，还能挖掘更多的潜在用户。

电子商务最大的特点是提高效率，降低成本，推动信息的共享。入局

O2O 的"地网"更需如此。对于"地网"而言，线下社区周边的店铺都是非常重要的据点，但这些店铺都是单体店，缺乏平台及工具，无法对接电子商务。所以，拉卡拉的出现可谓雪中送炭。在全国，类似这样的便利店数不胜数，每个小店都有各自的特色，它们是"地网之根"。在拉卡拉的帮助下，一些店已经开起了连锁店。社区地段商户林立，这些店主却惊喜地发现自己已经具备与其他店铺竞争和对抗的能力。"这一条街上有十个店，跟拉卡拉合作以后，就能覆盖更多的人流和客流"。一位店主如是感慨。而且，拉卡拉和很多供应商，开始针对每一个小店开发一些特色产品，例如量身定制货品的包装和分量，非常有价值。这些都为拉卡拉基于这些商户和人群掘金互联网金融提供了基础。如今，使用拉卡拉的开店宝平台的社区周边店铺越来越多，孙陶然所说的"地网"已见雏形。

互联网解决了传统金融业机构与用户之间信息不对称和覆盖不全面的问题，未来互联网金融需要进一步下沉到社区，这是拉卡拉创新银行正在做的事，为支付、信贷和理财等金融业务在社区构建应用场景，一方面解决消费者消费信贷的需求，另一方面为店主提供批发、进货的贷款。未来诸如一些信贷、理财产品，甚至保险和银行的产品都可能出现在拉卡拉小店里，用户在店里就能给自己或者家人选购这些产品。

平安银行"口袋社区"智能 O2O 平台

把服务装进手机，装进口袋，是银行实现网络化的关键一步。但是实现了网络化还不够，因为除了购物，基本上其他所有日常生活的应用环境都是"离线"的，要将银行服务和日常生活实现无缝对接，就需要构建一个 O2O

的生态圈，让客户感觉更便捷更智能。因此只把银行装进口袋是不够的，把社区装进来才是真的好。基于此，平安银行将O2O的社区服务作为重点创新项目，于2014年10月在业内首家推出口袋社区智能平台。作为银行业内首家通过移动端拓展社区O2O生态圈的先锋，口袋社区通过整合社区资源，创建了为社区居民提供线上预约下单、线下消费体验的全新商业模式，是一个集社区购物、银行服务、社区便民服务于一体的智能O2O平台。这样可以通过新上线的口袋社区先将用户圈定，再挖掘其中的金融需求。

◈ 口袋社区平台，既是社区生活的服务平台，也是社区商户的电商平台

口袋社区平台集合了小区周边的衣、食、住、行等信息，为业主提供便利的生活体验。通过口袋社区，可以浏览社区周边的商户和产品服务信息，在线预约下单，选择送货上门或到店消费；查看社区银行信息，推送最新的理财产品和促销活动信息；随时查找各类便民服务电话和社区公告，在线快速了解社区的最新动态。口袋社区通过线上线下的互联互通，实现资源共享，为客户提供社区内全方位直达式的生活服务、周边购物消费新体验。

例如，打开口袋银行，进入口袋社区，选择城市如深圳，进一步选择所在的社区，仅有碧海红树园、上下沙等20个社区可供选择。打开小区界面，左上端显示小区名称及加入口袋社区人数，下分四个模块：社区商户、社区银行、便民电话、社区公告。社区居民可通过"社区商户"查看周边商户及产品服务信息，在线预约下单，选择送货上门或现场消费。

为居民服务只是一部分，口袋社区的另一头则联系着社区商户。口袋社区对于社区商户来说，是商家与社区居民之间零距离互动的电商平台，商家可通过免费在线开网店，线上向居民推送商品和服务，吸引居民到店消费体验。

　　口袋社区的周边商户分为认证商户、未认证商户两种。认证商户已与银行签订入驻合同，拥有管理后台的权限，可自主添加发布商品信息，进行商品、订单的后台管理；未认证商户则由社区管理员自主搜集发布，只显示商户基本信息，无后台权限。"社区银行"显示的是附近社区网点的客户经理信息以及最新的理财产品、促销活动信息。"便民电话"则包括维修、搬家、开锁等便民服务的联系方式，而通过"社区公告"可以在线快速了解社区最新动态。

　　口袋社区能够帮助社区商户突破地域人流的限制，以更低的成本拓展社区客群，进而达成区域化精准营销的目的，更好地维护并拓展区域性的消费客户，提升经济效益，同时还能获得社区银行对于小微商户的金融优惠和融资服务。

　　平安银行人士表示：为客户在其社区内的生活提供便利是口袋社区创新商业模式的起点。未来随着客户和商户的广泛加入，商业银行可能会发展出一种全新的服务客户、发展客户和黏住客户的商业模式。通过一种低门槛无须注册的方式先把居民和商户聚拢起来，让客户喜爱口袋社区的服务，进而支持社区金融业务的快速发展。

❖ 深耕社区市场，打造移动金融生活门户

　　通过O2O生态圈的模式来聚合移动金融和社区金融，是平安银行在零售银行业务上的一个大胆尝试，同时也充分体现了平安集团提出"立足于社交金融，融入客户的衣食住行玩的生活场景"的互联网金融战略。口袋社区在口袋银行上的成功上线，是平安银行从移动金融拓展到移动生活的重要抓手。

　　社区是最接近人们日常生活的小单元，客户更聚焦，沟通更直接。口袋银行除了推出口袋社区的O2O便民惠民服务平台之外，还有话费充值、在线代缴通信费、水电费、煤气费等日常生活缴费服务，并与全国覆盖平安银行

的 27 个城市的大型物业公司关联，提供在线代缴物业管理费的服务。口袋银行将服务融于社区生活的方方面面，积极构造社区 O2O 生态圈，力争使口袋银行成为社区客户首选的移动金融和移动生活门户。

平安银行人士表示，商业银行目前在大力发展社区银行，通过社区银行实施 O2O 战略有其天然的优势。因为社区银行和客户、商户之间本身就有地理位置相近的特点，口袋社区为社区银行提供了一个线上线下对接的平台，聚拢客户和商家，既能满足客户和商家的需求，提供智能便捷的服务，又能为社区银行获取小微客户和零售客户。这样就能够形成一个良性循环，客户在这个圈子里提需求，银行去拓展商户，商户赢得客户，这是一个三方多赢的格局。

口袋社区在平安银行深圳分行进行首期试点后，于 2015 年初向全国推广。口袋社区构建了科技感十足的线上渠道和线下渠道。平安银行希望口袋社区的推出能够促进移动金融与社区金融的协同发展，通过口袋银行这个移动门户实现两者线上线下无缝对接，深挖社区市场潜力，探索社区金融发展的新模式，促进平安银行零售业务在移动金融和社区金融双重领域的快速扩张。

花样年围绕社区服务展开业务

房地产，曾被视为传统行业中的"暴发户"，在新的经济格局下，不得不开始自我颠覆，寻找长期持续运营的新增长点。其中，以花样年为代表的房企，转型轻资产的意图很明显：从开发商的单一定位转变为全链条的社区平台服务商。花样年有八大业务，分别是地产开发、彩生活住宅社区服务、社区金融服务、国际商务物业服务、社区文化旅游、社区商业管理、社区养老、社区教育产业。这八大业务并非毫无关联的多元化，而是都紧紧围绕社区服务这一核心，它们之间是生态群，不打群架，不是竞争关系。

❈ 地产开发，走"基金＋代建"模式

地产仍然是花样年的重要业务。花样年 2015 年业绩公告显示，花样年累计实现合同销售金额约 112.72 亿元，实现营业收入约 81.64 亿元，净利润为 14.03 亿元。2015 年 1～5 月，花样年地产板块累计实现合同销售金额约人民币 38.65 亿元，销售金额同比增长 19.1%。在土地储备上，2015 年花样年主要集中在北京、上海、深圳等市场潜力大、资金回报丰厚的一线城市新增土地。2016 年 5 月，花样年发布公告称，公司拟以 6706.17 万美元收购亚新科天纬 59.84%的间接权益，使花样年得以间接控股目标公司在北京和天津的土地资产。

花样年在地产开发业务方面逐步摒弃了传统开发模式，主要采用"基金＋代建"模式，选择轻资产的发展路径，花样年今后收取的费用是代建费和服务增值费。对于花样年以铁狮门为地产板块的学习目标，相关人士表示，包括花样年成立房地产基金，其目的是可以直接投资参股其他房企的优质成熟项目，周期短、收益稳定且风险小，而不会再通过传统的方式自己拿地做开发。

❈ 转型轻资产，打造社区服务"航母"

表面上花样年与其他房企有类似的多元化举措，但实际上花样年只专注于做社区服务。事实上，近年来，花样年越来越多地将精力投向社区服务。

2013 年，花样年决定通过八大业务助力轻资产转型，在地产的基础上，确定了金融服务、社区服务、物业国际、地产开发、商业管理、酒店管理、

文化旅游、养生养老八大业务核心发展板块。在花样年看来，尽管未来房地产行业在总体上将保持平稳过渡，但从诺基亚、摩托罗拉到三星、苹果的商业变迁可以看出，平台思维最终将战胜产品思维，只有轻资产转型才是房地产企业真正的出路。花样年摒弃了盲目追求规模扩张的重资产开发理念，转向以提高经营效益和投资回报为核心指标，旗下的地产集团将把业务分拆成地产基金和代理建设公司，建立全新的轻资产开发模式。地产开发的本质就是生产社区，将地产开发作为社区制造业，就是回归其本质。作为社区制造业，利润可以低一点，甚至不要利润。

2014 年 6 月，花样年集团旗下彩生活服务集团有限公司在香港上市。彩生活是一家集物业服务、资产运营、社区服务于一体的科技型、综合型物业服务运营集团。截至 2015 年底，彩生活实现营业收入约 8.28 亿元，同比增长 112.6%；实现净利润 2.71 亿元，同比增长 37.9%；管理物业面积总量达3.22 亿平方米，已覆盖全国 150 多个主流城市的 1124 个社区，服务人口超过 1000 万。据花样年相关负责人介绍，在社区服务领域，彩生活将继续通过收购兼并方式进行轻资产扩张，进一步扩大规模优势。

通过彩生活，花样年创造了一个新的服务模式，即"把客户思维变成用户思维"，把企业运营的价值转到用户体验上。"原来的客户思维是'杀客'，客户买房交钱后就与开发商没有关系了，用户体验这种事情与开发商无关，都交给物业公司去管理，只要服务好、没有投诉就行。"花样年控股集团有限公司主席兼首席执行官潘军形象地打了一个比喻，"就像小米公司一样，小米手机不挣钱，但是小米公司为什么值 100 亿美元？它都没有挣到钱，它有什么？用户！你只要买了我的社区你就是我的用户，甚至你租我的社区你是我的用户。现在的用户思维是指提供'社区管家'服务，社区内经常会有物业管理人员来咨询用户体验，并为用户提供管家式服务。"

在社区物业方面，花样年针对这些"不愿意被革命，而愿意被改革"的物业公司，通过 B2B2F 的模式和线上线下的合作方式与其建立物业联盟，建立与彩生活平行的物业服务平台——"解放区"。截至 2015 年底，联盟物业公司达 450 个。在触网社区物业之后，花样年又进入在线度假短租领域——美易家，并于 2016 年 1 月 12 日在新三板挂牌上市，成为国内首只以在线短租及度假、物业、运营为题材的股票。年报显示，2015 年美易家营业收入为 2.48 亿元，较上年同期增长 41.54%；净利润为 4390.08 万元，比 2014 年同期增长 15%。

专注于高端物业资产管理服务的花样年国际物业公司，在轻资产扩张和运营方面已经颇为成熟，外接项目涵盖深圳长富金茂大厦、杭州新天地·东方茂等国内十多个大型物业项目，管理面积超过 1400 万平方米。此外，花样年特色的多个养老产业项目开始投入运营，花样年社区养老产业开始逐渐发力；以现代服务业产业培训与社区教育为两大方向，花样年教育产业在 2014 年就已经正式启动。

在社区金融服务领域，花样年在行业中第一个提出了"社区金融"的概念，创造性地利用互联网金融模式，实现集团各大板块之间的金融价值链建设和产融结合。目前，花样年金融板块已形成小额贷款、融资租赁及 P2P 网络金融平台三大业务模式，后续还会尝试推动保理、消费金融、保险、支付等相关业务。

在商业管理领域，花样年商管公司亦开始依托强大的资本和专业实力，探索以管理和品牌输出为主的轻资产商业发展模式。花样年商业已在成都、合肥、长沙、扬州等城市成功签约轻资产管理项目，截至 2015 年底，花样年商业轻资产管理项目超过了 10 个，其商业模式在业界的优势地位将初步建立。

❖ 产业协同，营造有机社区商业生态圈

目前，花样年已经全面完成基于移动互联网、客户大数据时代的业务战

略布局，旗下地产开发、彩生活住宅社区服务、社区金融服务、国际商务物业、社区文化旅游、社区商业管理、社区养老和社区教育产业八大板块，共同组成了住宅社区、商务社区、商业社区和养老社区四大社区，最终将融合于花样年社区服务运营平台。表面上花样年与其他房企有类似的多元化举措，但实际上花样年只专注于做一件事情——社区服务，八大业务都是围绕社区服务运营平台来开展的，而房地产开发则成为一种工具，其他的金融、养老、商业、教育等业务为社区居民提供多元化的增值服务。以八大业务单元为载体，花样年围绕社区服务运营平台将为用户提供覆盖全生命周期的多元产品与增值服务。

以产业协同为原则，花样年金融业务于 2014 年推出的"E 理财"与彩生活业务实现无缝对接；融资租赁公司与彩生活合作洗车项目，并与文旅大溪谷、福泰年社区养老院计划开展融资租赁项目；福泰年计划将健康管理服务与彩生活"大数据"系统相结合；物业国际也与彩生活携手进行项目拓展。以部分彩生活社区为例，花样年金融和彩生活推出"保本保收益，冲抵物业费"活动，业主可参与预存一定金额的费用冲抵一年物业管理费，一年之后，不但可以收回预存本金，实现物业"零收费"，还可享有 3.5% 的投资收益。社区商业生态圈的形成和产业协调机制的建立，可以有效整合资源，使八大业务板块的协同从加法效果转为乘法效果。

花样年致力于打造全球最大的综合社区服务运营商，这一发展目标背后的商业逻辑是：第一，中国房地产行业的黄金时代已经过去，存量房市场将取代增量市场成为市场主体，并催生中国房地产市场迎来"第二个春天"。第二，根据大概估算，中国 30 年来所开发的商品房面积约 300 亿平方米，资产总额接近 200 万亿元。中国房地产的黄金时代催生了万科这样的全球最大住宅开发商，而中国如此巨大的存量房市场规模，亦必然催生中国社区服务行业的"超级航母"企业。

万科布局社区金融，从住宅产业化走向金融化

以住宅开发为单一业务的开发企业正式涉足金融业，也可以说是万科跨入了新一个十年的发展周期——从住宅产业化走向金融化。当万科宣布入股徽商银行之后，从前期融资到中期按揭再到后期的社区金融体验等能联想到的一系列动作，也许正是万科在金融领域实施的一场深海战略。

◈ 万科与银行合作，布局社区金融

2013年10月30日晚，万科对外发布公告，正式确认拟以基石投资者身份以27亿元资金参与徽商银行H股首次公开发行。万科此次认购徽商银行股份的初衷在公告中显露无遗：定位集团的社区金融服务，开辟新的业务领域。对此次入股的原因，万科董事会秘书谭华杰给出的说法是：为了更好地满足公司客户在金融服务方面的需求，尤其是社区金融服务上的需求。

对于万科这种典型的房地产公司来说，控股一家区域性的城商行，对整个集团的战略和利益考量显然是放在第一位的。至少在以下几个方面，万科可以通过徽商银行这个暂时比较稀缺的银行牌照实现自身的战略目标。

一是集团资金和授信业务。徽商银行可以为万科带来成本更低的资金。万科关于社区金融服务的设想是这样的：社区用户在万科企业和社区文化的引导下，把储户的资金转移到徽商银行的社区银行，同时带动社区银行的个人零售业务。这样银行和房企就获得了内部的利益双赢，银行开辟了零售业务，推进了社区银行的建设，获得了社区的天然渠道；万科则可以获得社区银行资金的优先使用权，或者是贷款基准利率下浮多少点，或者用于万科相

关的金融市场业务。万科在全国 42 个城市管理着 5000 万平方米的住宅项目，涉及社区居民 30 多万户，已经开始与商业银行展开博弈。

二是投资多元化。民营银行成为 2016 年下半年民营资本涉足银行业的一个热门话题。从民营银行的定义上看，民营资本实现对中小银行的控股或者经营的权利，并在法人治理和机构上自主就可以被视为一家真正"民营"的银行。虽然万科不是民营企业，是典型的央企华润集团控股的国有企业，但在公司治理和运营上"民营"的特点很突出。所以，与当前各路民营资本抢占民营银行牌照不同，万科用增资入股的方式实现对一家区域中小银行的控股，或许是比较明智的选择。

三是社区银行与房地产的跨界结合。社区银行是银行传统服务的延伸，是银行降低成本、延伸服务半径、获得用户黏性和需求的一种前端方式。和互联网金融使用网络接口积累客户和数据一样，社区银行的主要目的是推进社区金融服务的便利化和快捷化。试想，如果楼下就有一家社区银行可以办理简单的银行"存、贷、汇"业务，还需要跑到传统的银行网点吗？还必须通过线上的金融业务渠道来进行办理吗？要知道，社区活动最频繁的不是适应互联网思维的"80 后"、"90 后"，而是为数众多的大叔大妈、大伯大婶，他们更需要适合他们的线下金融服务。房地产公司提供社区接口，而银行提供服务，一拍即合。

另外，万科入股徽商银行其实是当时的一个信号，国家的监管正在对金融行业一点点放松。万科踩了很好的一个点，相当于是对标杆企业的一个试点。合作的第一诉求并非打通融资渠道，而是地产金融全体系架构的搭建，对万科而言，则是从前期融资到中期按揭再到后期的社区金融体验，是一个纵深发展的战略。

2014 年 7 月，万科与渣打银行达成合作协议，合建金融数字化智慧社区。这是万科继以 27 亿元资金入股徽商银行后，第二次与银行联姻，意在深耕社区金融领域。这也是万科第一次与外资银行合作。

渣打中国与上海万科签订的《战略合作备忘录》合作范畴包括高端资源的整合与置换、智慧社区住户的金融解决方案以及万科商用物业的中小企业客户所需的金融服务等多种新兴跨业领域合作。这一伙伴关系将金融、房地产、互联网及移动社交有机地结合，致力于提供全方位的金融服务和生活体验。双方将在上述合作范围内进一步磋商以期达成相关协议。

对于两次与银行的合作，万科认为均是布局社区金融服务。"社区银行在国外的发展已经非常成熟和完善。这次万科和渣打银行的合作，虽然在资金规模上较上次小，但是万科可以汲取渣打银行的国际经验和资源，在社区金融服务上更上一个台阶。"深圳综合开发研究院旅游与地产研究中心主任宋丁在接受记者采访时如是说。

万科集团总裁郁亮称，未来十年，中国住宅需求量会稳定下来，甚至会萎缩。在郁亮看来，中国房地产市场规模大概为10万亿平方米，按照如今一年1000万套住宅计算，10年内可能遭遇传统意义上的"天花板"。郁亮首度明确表示，万科未来的定位就是要从产品供应商角色转化到配套服务商的角色。除了入股徽商银行，打造社区金融，万科正在下另一盘更大的棋。

万科在2013年管理着362个社区、40万住户、约300万的社区人口，当时预测未来5年将可能增加到500～600个社区，100万住户，约800万的人口规模。如此庞大的基数之下，无论是万科与银行合作开发社区金融，还是其他模式，都是对业主资源的深度挖掘。

◈ 万科的社区金融生意经

万科是地产大鳄，拥有数百万客户群体，如果能对社区内客户金融消费习惯建立大数据库，提供有针对性的服务，不管是理财产品抑或是小额贷款，甚至是单独针对一部分业主进行房地产基金产品的销售，似乎都充满了可能。

由此可见，社区金融服务可以成为万科组建其大数据的另一把利器。

万科社区金融服务的业务主要包括各种涉及缴费的便民服务、水电燃气或交通罚款等，其次是帮助业主进行资产管理的理财产品，最终可衍生到社区电商平台。

在社区金融领域，万科社区金融服务产品社区一卡通，涵盖了区域内的不同消费项目。万科社区一卡通除了具有门禁功能，还能绑定消费。它采用一种预付式的模式，通过与银行的合作具备一定的金融性功能，此外，还可以衍生出小额贷款，对社区内的小微企业进行扶持。社区一卡通的消费功能可以激活也可以不激活，如果激活的话其功能与银联卡无异，业主可以往里面存现金进行日常消费，还可以在指定合作商户享受折扣优惠。

虽然社区一卡通内的电子现金等同于现金，但却并不像平常的储蓄卡那样计入利息，而且少于固定金额的消费不需要输入密码。

◈ 万科社区商业新玩法——"五菜一汤"

在越来越多的实体零售商将目光投向社区商业这一最后的救命稻草时，万科却以"五菜一汤"的模式，在其开发的小区中大行社区商业之道。

按照万科的说法，"五菜一汤"是指第五食堂、超市、银行、药店、洗衣店、幸福街市。其中，第五食堂是万科自创的社区餐饮连锁品牌，因其价格亲民、风格怀旧、卫生条件好等受到业主好评。而在已经配齐了"五菜一汤"的万科北京长阳半岛小区，超市引进的是华润万家。"汤"指的便是幸福街市，即万科物业在小区自营的社区菜市场。自长阳半岛社区商业配套完善后，"五菜一汤"的万科社区商业标配模式开始在北京万科多个项目进行推广，成为住宅项目社区商业模式的典范。

在万科社区商业标配"五菜一汤"体系中，"第五食堂"是万科自创的社区餐饮连锁品牌，为业主提供物美价廉的生活餐食，特请中餐大师制作南北菜系，自开业以来，其营养丰盛的健康饮食深受业主好评。

另一标配是万科社区连锁品牌"幸福街市"，它作为长阳半岛首个社区菜市场，食材新鲜健康、种类丰富、价格公道，更是彻底解决了万科社区居民的"菜篮子"问题。此外华润万家便利店，也以持续提高消费者生活品质为目的，为社区提供日常生活所需的各种商品，保证及时消费、应急消费，华润万家带给顾客温暖、富足、现代、健康的感受。

万科的新型精品社区商业产品万科2049，通过商业与物业的深度整合，提供以家为中心的"最后一公里"社区生活完整解决方案。

"万科2049"这一名称来源于"万科世博馆"，当时万科就提出了"尊重的可能"这一主题，随之应运而生的商户包括生鲜便利、蔬果配送、特色餐饮、儿童托班、社区诊所、艺术培训、健身会所，衣食住行等各方面的生活所需无所不包，从小孩到老人都可以获得更好的服务。

入驻的商户包括会邀请厨师来教居民做家庭料理的"好食"生鲜超市；会邀请居民来做手工面包的纯天然无添加面包品牌"麦莱麸"；会提供包括生活保健、居家养老等全龄化、"一站式"社区医疗的全国首个社区健康诊所"爱康健维"；会对顾客开放舞台的亲子艺术互动餐厅"妈妈糖"；会让社区小朋友在家门口实现运动、交流、早教的星期八小镇集团旗下社区旗舰店"星期八家园"。高复合的业态、全集成的功能，让社区生活更轻松、便利、温馨、丰富。

幸福绿城APP的O2O社区金融服务与起步金融化

随着移动互联网技术的发展，众多杭州本土房企依托物业，纷纷瞄准以移动互联网为基础的物业服务模式，以求在传统的物业管理费用之外，通过平台开展增值服务带来长期的利润，实现由开发向服务的模式转型。绿城服务集团推出的"幸福绿城"APP，在绿城物业服务的众多社区里被大范围地使用，收到了良好的效果。

❖ 幸福绿城 APP 的 O2O 社区金融服务

幸福绿城 APP 以投诉表扬、维修、物业缴费、访客管理、快递管理等基础物业服务为前提，在提供送水、家政、洗衣、园区超市、生鲜配送、绿城精选、双城免税店等园区生活服务的同时，更全面丰富了智慧管家、业主自治、友邻社交、园区商圈、园区健康、园区金融、园区学院七大服务板块，为绿城业主营造更高端、更和谐、更幸福的园区生活体验。具体服务内容如表 5 - 1 所示。

表 5 - 1 幸福绿城 APP 社区服务七大板块

板块	内容
智慧管家	提供园区与业主之间互相帮助、互相监督、共同治理的平台，切实让业主参与到社区的管理工作中来，这也是民众民主意识实践的一次有价值的尝试与探索
业主自治	打造一个业主与业主之间互相帮助、互相监督、共同治理的平台，以实现和谐社区、亲情社区的目标
友邻社交	通过二手交易、社区活动、话题分享、悬赏互助、在线社交，力图打破城市中人与人之间渐行渐远的尴尬关系，重塑社区邻里关系
园区商圈	以满足业主日常生活需要为核心，基于绿城自有优质资源并通过严格的品控机制，整合社会优质资源，为业主生活提供全生活维度的生活服务

续表

板块	内容
园区健康	通过建立业主数字健康档案，服务于社区、家庭，以老人、妇女、儿童和慢性病人为重点服务对象；以促进业主健康为目的，依靠生活服务中心，以预防、医疗、保健、康复、优生优育指导为服务内容，利用手机、PAD 等移动设备和一些医疗设备终端，将部分医院的功能及服务搬回家，最大限度地让业主不受时间、地域的限制，可充分地享受健康服务和健康教育
园区金融	是以满足社区内业主、组织在金融产品及金融服务的全方位需求为目标，并与开发商合作创建、提供具有创新意义的社区及相关的金融产品及服务
园区学院	是以满足业主不同生命周期文化教育需求为基础的社区式教育服务。这是一种有别于学历教育的成长式教育方式

打开绿城物业的"幸福绿城"APP 可以看到，其功能几乎涵盖全部传统物业的服务内容。每位业主通过 APP 可以轻松了解到小区的最新信息和公告，可以随时报修、提建议、投诉，可以随时购买桶装水和粮油米面等生活品，并获得上门配送服务，还能找到家政、洗衣、外卖、购物、旅游等其他日常服务，并能实现线上下单甚至支付，这极大地方便了小区住户。物业 APP 系统将移动互联网技术运用于传统物业服务，搭建业主与物业企业间即时沟通的桥梁。

未来"幸福绿城"APP 功能将更为强大，将充分利用物业公司在服务业主方面的巨大优势，开展社区 O2O 服务，将线上和线下进行完美的结合。例如，物业公司会整合基于小区一公里范围内的实体商店，并与电商、物流公司形成联盟组建独立的 O2O 生态，建立会员体系。业主只要在物业管理平台的干洗店、零售店、快递公司、理发店、餐饮店开个年卡，将有机会抵扣物业管理费。有了利益联盟，物业公司也更乐于积极主动地提供多样化的综合服务，并通过提高服务质量来争取最大化的收益。更为关键的是，新型物业公司未来还将是一家整合互联网金融服务的公司，为家庭提供理财、融资、借贷、投资等系列化的金融服务。如果购买物业公司稳健型的理财产品，达到一定额度，"零物业费"的梦想一定会实现。

◈ 绿城起步金融化，打造"资金池"闭环

2016 年 7 月 26 日，绿城集团资金结算中心正式成立，这可以看作是绿城在地产金融化的道路上迈出的第一步。绿城集团资金结算中心筹建工作自 2015 年 11 月底启动，采取分步实施、逐步完善的策略，最终实现成立集团财务公司的发展目标。绿城推动资金结算中心建设，将整个集团的资金进行归集、统一管理，通过资金协调机制，让闲置资金得到有效利用。绿城中国总裁曹舟南指出，绿城的目的是打造金融控股集团公司。"在拿地、开发贷、建造等环节，所有资源通过内部银行整合，才能挖掘更多利润"。

目前绿城集团资金结算中心已经完成了第一期建设，将房产集团首批 40 家 A 类公司纳入实施范畴，下一步将逐步把房产集团 B 类、C 类项目公司以及其他三个子集团公司单位纳入服务范畴。与绿城集团资金结算中心签订了现金管理和银企直连服务协议的银行包括中国银行、中国农业银行、中信银行等。绿城下一步将在更多领域与更多合作银行展开深度合作。

资金结算中心成立后，将办理内部成员单位之间的资金往来结算、资金调拨等业务，发挥内部银行作用。资金结算中心，将在集团总部形成一个资金池。一方面，绿城集团与银行机构的议价能力得以提升，有助于降低企业的财务费用和融资成本，并进一步提高银行授信总额。另一方面，通过集团的资金协调机制，各成员企业间可互通有无、调剂余缺，让集团范围内的闲置资金得到有效利用，缓解集团企业的资金紧张状况，更好地保障企业生产经营的资金需求。在过去一年半的时间里，在各方面的大力支持下，绿城集团融资成本目前已经降到了平均年化利率 6.11%。资金结算中心成立后，绿城集团的整体融资成本有望进一步下降。

一名业内人士指出，此前资金存在地域限制，受银行监管、政府监管的限制，资金内部调动并不流畅。大部分企业的资金分散在项目，导致集团公司贷款成本增加。此外，一般房企合作方比较多，有的合作方就不愿意将项目资金放进资金池。这次集团资金结算中心归集有40多个项目公司，基本都是绿城控股或者控股子公司旗下的，有望形成封闭运作，即便银行体系或者内部项目之间出现资金拆借，例如利率上浮30%，仍可以做到比贷款还便宜。

随着资金结算中心的成立，绿城中国的地产金融化已经迈出了实质性一步。

资金结算中心的最终发展目标是成立集团财务公司，成为绿城的内部银行。未来，随着绿城资产经营集团的成立，绿城将争取信托、基金、保险等金融牌照，主动探索"产业＋金融"的发展模式，逐步实现从"资产管理"到"资本运作"的转型发展，最终打造一个金融控股平台。

业内资深人士认为，具有金融背景的开发商拿地，多从资产配置的角度来判断。按照这些企业的算法，在一线与核心二线城市拿下"地王"的成本仍然合理，未来通过高溢价的产品销售仍然可以实现资金退出，并且有利可图。绿城此前也面临着行业普遍的开发贷款覆盖不了地价款的问题。这更凸显出资金实力的重要性。

上述业内资深人士还指出，随着土地红利的消失，房企更需要在资金成本上挖掘利润。他举例称，现在做项目，买地一般会用夹层融资，就是因为房企现金流不足。未来如果通过资金重组，打造一个完整的金融链条，就可以进行资金池封闭运作。

现在绿城项目开发阶段仍要用银行资金，后期销售可以补充资金池。预计资金池建立三年以后才能够名正言顺地吸储放贷。将巨额沉淀资产变现，成为房企热衷于搭建金融平台的主要原因。例如绿城旗下酒店资产已超过

100 亿元，收益率偏低，资金成本较高，一旦打包进入资金池，很多资管计划都会喜欢这样的资产。

目前 2/3 以上的全球五百强企业拥有自己的财务公司或资金结算中心，而推进房地产行业大金融战略在近两年也呈潮涌之势。如绿地集团 2014 年金融产业规模达到 200 亿元，2015 年上半年的利润达到 19 亿元，同比增幅高达 469%。集团规划到 2020 年，金融产业业务规模力争达到 800 亿元，利润达 100 亿元。绿地是通过收购金融牌照的方式来做传统金融。对于房企来说，若能获取全牌照，将极大增加资金流动性，降低资金成本。目前，其参股入股的金融公司有近 50 家。这一点，同样也在绿城集团资金结算中心的未来布局中。

银行构建社区金融生态圈的意义及类型和思路

互联网金融的蓬勃发展带动了社区金融的多元化。沃尔玛 2015 年初在其 1 号店平台上推出了 3 小时送到家的"小区雷购"，春节期间在北京就开通了 23 个站点；顺丰早在 2013 年开始尝试通过"嘿店"构建社区周边的物流电商；拉卡拉在全国 300 个城市布放了"开店宝"，瞄准社区电子商务；叮咚小区、小区无忧、彩生活等新出现的专门针对城市社区服务的互联网平台不断涌现。而银行这边，中国银行"中银易购 E 社区"已经注册小区 7000 多个，签约物业 3000 多家；平安银行的"口袋社区"与碧桂园等房地产企业合作，探索开展线上线下一体化的社区金融体系建设。"社区电商＋社区金融"模式已然成为互联网金融领域新的"蓝海"市场和竞争热点。

❖ 银行开展社区互联网金融的必要性

通过对社区金融业态长时间的跟踪、了解和分析，我们认为学习互联网创新思维，利用互联网技术，以社区金融为突破口，构建以商业银行为核心的社区金融生态圈有以下几点重要意义。

第一，社区金融生态圈是发掘互联网发展新"蓝海"，引领互联网金融发展的有力武器。

社区电商属于移动互联网技术发展带来的新兴产业，是当前互联网公司和大型电商尚没有涉及的新兴领域。其凭借社区平台，通过整合本地化的服务资源，围绕本地社区居民，提供贴身的生活服务。既充分借鉴了综合化大型互联网平台成熟的商业模式和经验，又很好地利用本地化运作优势获得超强的用户黏性，避开与互联网公司在服务内容和服务模式上的正面竞争，还可以凭借银行相对成熟的线下网络，在本地化资源整合上取得竞争优势，巧妙切入互联网金融蓝海市场。

第二，建设社区金融生态圈是推动网点业务转型，探索服务中小微企业的必然要求。

随着互联网金融的大发展，传统商业银行庞大成熟的线下网点越来越成为银行难以背负的负资产。社区金融生态圈的构建能够帮助银行网点"走出去"，深入社区、深耕周边，为开展"行商"服务和客户联动提供很好的渠道和工具，同时也可以探索更加精简且成本更低的线下社区网点运营模式。此外，按照中央"十三五"规划的要求，在经济新常态背景下，商业银行加大扶持中小微企业的力度是符合中央和国家战略要求的举措。银行通过社区互联网平台，能够帮助社区周边小微企业实现信息化管理，打开互联网销售渠道，建立更为紧密的上下游联系，同时社区互联网平台积累的信息能够有针对性地为社区周边商户提供定向金融服务，并有效帮助银行加强风险防控，为银行探索更好地支持实体经济和服务小微企业提供了强有力的手段。社区金融生态圈针对社区商户和居民提供了一整套平台解决方案，能够帮助银行从以往的单一产品营销模式向"平台战略"模式转向，是银行探索线下网点转型、服务小微企业，探索公司联动的业务模式，推动自身业务经营转型的必然要求。

第三，建设社区金融生态圈是构建城乡一体的联动服务模式，探索服务"三农"的新思路。

长期以来，我国农副产品的"难卖"问题一直是困扰"三农"战略的首要问题。基于社区金融生态圈的互联网平台，可以实现"农社对接"、农产品团购等多种新型的"三农"互联网商务模式，帮助农民直接定位客户，开拓更广阔的农副产品互联网销售渠道。甚至可以凭借互联网平台的信息管理和数据分析优势，为农户提供农副产品销售的质量监控和产品来源追溯等增值服务，为银行"三农"客户的农副产品销售提供更多质量保障，创造更多品牌效益。

❖ 银行业发展社区金融的几种类型

社区金融近年来已经成为银行业一个新的发展方向和研究课题。在国内，按照其发展模式可以大致分为以下两种类型：

第一，以物理网点为先导的"社区银行"模式。

在国内，"社区银行"最先由民生银行等股份制中小银行引入。一方面是作为传统网点的替代方案，解决中小型银行线下渠道和门店较少的困难；另一方面也是尝试利用其深入社区、高用户黏性的典型特点解决金融服务"最后一公里"的问题，构建城区金融服务的"毛细血管"。民生银行曾计划在全国布设 1 万家以上的社区网点，兴业银行、光大银行等中小型股份制银行都曾提出过类似的规划，中国工商银行、中国银行、中国建设银行也进行过试点。但正是由于"社区银行"在国内仍是相对较新的一种业务模式，监管政策和风险防控等方面仍存在很多空白和有待探索的地方，其业务模式一直未获得较大范围的推广和发展，线下渠道相对较为完善的大型银行大多没有积极跟进。

第二，以互联网平台为先导的"金融生态圈"模式。

在银行通过"社区银行"试水社区金融的同时，一些同业开始和互联网公司尝试通过基于线上的互联网平台，在整合线下本地化商务服务、金融服务和各类公众服务的基础上，融入社交和内容等基础性服务，围绕社区构建一个线上线下O2O一体化，可自我循环、自我完善和发展的本地化金融商务生态系统。大体分为以下几类：

一是以线下的C端服务为突破口，通过以营销为主的方式来整合社区线下的各类服务资源构建生态圈。阿里的支付宝物业管理平台、叮咚小区和平安银行的"口袋社区"就是代表。该模式投入成本较低，较易实现。但因其资源整合不足，难以形成完整的商务生态链，易导致服务模式单一，客户黏性不够。

二是以线下的B2B商务体系为突破口，构建社区生态圈。典型代表是拉卡拉。该模式充分利用线上平台的信息优势，从线下的供应链入手，整合和引导本地已有的商务体系，易形成围绕社区的完整的商务生态链。但其需要一定的前期投入，同时由于对社区居民的应用需求场景考虑不足，导致C端用户的黏性不够。

三是以综合性社区服务平台为基础，以物业公司为突破口，通过对线下服务资源的全面整合构建形成社区生态圈。主要代表有花样年"彩生活"、万科"住这儿"、绿城"幸福绿城"、开元旅业"幸福社区"等。该模式由于与社区居民和商户有很高的天然黏性，在推广和运营上具有很大的优势。但是，同样由于这一模式是由物业公司主导，银行在生态圈的构建、推广和运营中难以获得主导话语权，多以提供后台支付通道服务为主，并成为金融产品的可选提供商。

❖ 银行构建社区金融生态圈的思路

银行构建"社区金融生态圈"应该采用以下思路：抓紧构建商业银行自有的社区电商平台，通过与物业公司强强联手，整合社区周边的商务服务和公众服务资源，并融入有针对性的社区金融服务产品，建成集电商、金融、物业服务于一体的社区金融生态圈。

从平台产品内容来说，需要围绕社区居民整合电商、金融和公众三大服务内容。其中公众服务是银行打入社区的突破口，从故障申告、物业维修、社区公告、社区论坛等社区居民日常能使用到的服务内容入手能取得较好效果，对于有条件的社区可以提供门禁管理、家政服务等功能，同时为了提高物业公司积极性，可以整合服务物业公司的内部 ERP 等功能。在条件允许的地域，可以引入政府资源，开展政府补贴发放、公告通知等公众服务。

社区周边的"一公里商圈"服务是生态圈获取用户黏性的关键，也是银行通过支付产品将金融服务嵌入用户生活场景的关键。"一公里商圈"可以从社区超市、餐饮企业入手来整合商户服务资源。对于服务资源丰富的社区可以整合医疗、娱乐、宠物等更多类型的商户资源，甚至可以针对商户的上下游企业和社区居民本身整合更多的 B2B 和 C2C 服务。

金融服务是银行获取实际收益的来源和最终的目的。在金融服务方面可以从最简单的水电煤、物业费、停车费等缴费服务入手，获取用户，沉淀资金。并逐步嵌入社区理财、信用卡积分消费等更多产品，同时还可以通过网点并行开展便民取现、预约取现、上门理财等线下服务，甚至可以在逐步积累数据的基础上，试行圈子营销、精准营销、同心理营销等营销手段，推出数据网贷、供应链融资等互联网金融产品。

为了实现以上几大服务体系的融合，银行除了提供基本的平台和信息服务，最重要的是要将支付产品尽快剥离形成独立的服务体系，形成近场、远程、批量代扣、预期支付等一系列的支付产品接口，根据各类产品和服务应用场景的需要，将公众和电商服务与金融服务相融合，形成商务"闭环"。同时，在逐步积累数据的基础上，银行可以根据生态圈参与者的需要，开展居民征信、商户评级、农产品信息追溯等信息数据服务。初步设计的社区综合化互联网商务平台产品体系如表 5-2 所示。

表 5-2   社区金融生态圈产品体系

事项	内容
电商服务	餐饮消费、文体娱乐、教育医疗、社区 C2C 等
金融服务	便民取现、代理缴费、社区理财、数据网贷、供应链融资等
公众服务	门禁或访客、社区资讯、维修或家政等，以及政府补贴、身份认证等
支付产品	近场支付、远程支付、批量扣款等
数据服务	居民征信、精准营销、企业商户评级、农产品信息追溯等

从平台架构来看，为了满足社区生态圈中多种类型的应用场景要求，平台应采用"云 + 端"的模式构建。其中云端平台将集中管理表 5-2 中的应用服务产品，按照全渠道服务模式为从多种终端入口进入的访问需求提供服务。终端设备大体分为三种类型：第一种是为社区银行或周边网点提供的智能设备，例如超级柜台、自助发卡机等，主要以自助模式为客户提供银行的金融产品服务；第二种是各种类型的支付和网络终端，主要为加盟商户提供订单管理、支付转账、订货服务等，如平板支付电脑、智付通电话等；第三种主要是社区居民的移动电话、移动电脑等个人终端设备，银行以提供 APP 和网站的形式，为客户提供随时随地可以访问的在线服务资源。

第六章 农村新金融生态圈：打造互联互助农村金融生态圈

加速推进"互联网＋现代农业"的关键，在于如何让广大农户以及农村经济体以最自然的方式"拥抱"互联网。互联网不仅是一张信息的网，这张网还有助于构筑崭新的农村新金融生态圈。事实上，与农村生产、生活息息相关的一些金融信息化服务，正在为"互联网＋现代农村"的全面落地打开缺口。在这方面，有新兴金融平台瞄准农村市场，更有银行机构布局农村新金融生态圈的各种创新。

新兴金融平台瞄准农村市场

有关专家分析认为，推进农村土地制度改革试点将为农村金融带来前所未有的发展机遇，预计将释放万亿级的资金需求。在传统金融缺位农村市场的环境下，不少新兴金融机构，如阿里网商银行、翼龙贷、京金金融、农发贷、希望金融等已经开始深耕农村市场，填补了大量农村金融服务的空白。

◈ 锁定供应链金融

业内认为，农村金融是我国金融体系中的薄弱环节，金融供需矛盾限制着农村金融的发展。农村金融服务中一直存在着贷款难问题，在涉农贷款缺乏有效抵押物的情况下，农村金融机构"惜贷"严重。同时，国内农村金融生态环境限制其发展。一方面，整个农村信用意识比较淡薄，乡镇企业借改制、破产逃废银行债务的行为屡禁不止，金融机构维权难度大，银行债权案件判决后执行难、费用高；另一方面，农村的信用制度和体系建设滞后，金融机构无法准确判断客户的信用状况。由于农村地区缺乏有效的社会信用体系，农村金融机构对贷款所蕴含的风险不能进行适时监测。

"三农"服务商在农业产业领域深耕多年，积累了丰富的用户数据与客户资源，凭借客户信用数据的累积优势，插上互联网的翅膀，迅速地进入农村金融服务商行列，提供独特的农村互联网金融解决方案。互联网金融平台如何服务农村经济，不同的平台从不同的市场需求切入。下面来看农发贷和大北农集团这两个案例。

农发贷是由国内农资龙头上市公司诺普信牵头设立的高新科技创新型企业深圳农金圈金融服务有限公司旗下的国内首家农业互联网金融平台。农发贷通过股东方的产业链条，切入农资消费和农资供应链为农户提供融资，专注农业经济金融。其主要业务是通过整合农资供应链，将社会理财资金与农户融资需求进行匹配，将多元的金融机构与农资销售企业进行对接，解决农业生产"融资难、融资贵"的问题。上线8个多月，线上理财用户已超过23万户，借款项目遍布国内主要农作物产区，借贷总额超过15亿元，惠及经销商近500家、优质种植户3000余家，已发展成为国内最大的农资消费和供应链金融服务平台。

与其他理财方式相比，农发贷平台的理财项目具有收益高、门槛低、期限灵活、安全性高等特点。农发贷依托于诺普信多年耕耘的线下渠道，将农户资源、农户需求与农资供应高效结合，以农业金融服务为突破口，将百姓的理财资金与农户的融资需求进行有效匹配，将多元的金融机构与农资的销售企业进行有效对接，为农户提供融资服务。引导社会资金支持国家农业现代化，帮助投资者分享农业现代化发展红利。农发贷通过互联网金融的形式为"三农"提供借贷信息服务，一方面满足借贷农户的资金需求，另一方面为投资者带来资金增值。

大北农集团依托平台交易数据，进行大数据分析，掌握了养殖户和经销商的信用情况，搭建农村信用网作为大北农的资信管理平台，建立以信用为核心的普惠制农村互联网金融服务体系。农信网具体嫁接了农富贷、农银贷、农富宝、扶持金四个服务板块。

在大北农集团提供的农村互联网金融产品中，农银贷为银行放贷提供信用数据，农富贷直接为生产者与经销商提供小额贷款，扶持金提供赊销服务，农富宝提供理财服务。基于自有的大数据资源提供农村金融解决方案，不仅服务了客户，而且还延伸了产业链服务。

◈ 加速农村新金融战略实施

农村金融既是蓝海，也是一片有待开发的金融处女地。新金融介入农村金融对现有农村金融服务的空白来讲是一种开拓，对现有农村金融服务的不足来讲是一种补充。不仅传统金融机构对早年"放弃"的农村市场再次卷土重来，包括电商平台出身的蚂蚁金服、京东金融，以农业起家的新希望集团和正大集团，以及红遍浙江的可溯金融等众多互联网金融公司，都将农村金融视为战略重点，生怕错过了新一轮蓝海市场的布局。下面我们分别来看看它们是怎么做的。

第一，蚂蚁金服的"野心"。

虽然自称是"蚂蚁"，体量却越来越大。2016 年 4 月 26 日，蚂蚁金服正式对外宣布，公司已于日前完成 B 轮融资，融资额为 45 亿美元（约 292 亿元人民币）。这也是全球互联网行业迄今为止最大的单笔私募融资，蚂蚁金服的估值已经达到 600 亿美元。

按照蚂蚁金服对外发布的战略来看，农村金融和国际化是其未来两大重要战略。其实，几年前蚂蚁金服就已经在支付、保险、信贷方面开展了农村业务，2016 年初起，蚂蚁金服则将农村金融业务进行了统一整合，升级为公司战略，组建了农村金融事业部，并由副总裁袁雷鸣负责。很难想象，这个作为蚂蚁金服目前最重视的业务部门，却是所有事业部中最小的一支队伍，且必须是最有战斗力的一支队伍。因为与其他事业群均具备具体的金融产品不同，蚂蚁金服的农村金融事业群更像是一个解决师。

袁雷鸣说："农村电商发展起来之后，农村金融涉及很多纵向业务部门，包括保险、支付、微贷等需求，单一条线对接很难形成一个整体的解决方案。农村金融事业部是一个给'三农'市场提供一整套金融解决方案的部门。"不难理解，农村金融事业部将是撬动蚂蚁金服所有相关资源、开拓农村金融市场的支点。

在原有的网商银行为农户提供信用贷款、支付宝为农民提供支付服务等零散业务的基础上，蚂蚁金服的农村金融积极探索依据产业链形成交易与金融的庞大闭环。而农村金融事业群，则是打造并实现这一闭环的牵头人。

在袁雷鸣看来，与国内领先的农业集团合作，基于这些专业公司在种子、饲料、化肥、销售渠道上的资源优势，再加上电商平台自有的销售渠道，将农村生产经营的各个环节串联起来形成生态体系，在未来可能会成为互联网公司助力农村金融发展的最有效途径。

基于产业链，蚂蚁金服为农户提供相应的金融服务，包括信贷、支付、保险等业务。这些金融产品不只来自蚂蚁金服的网商银行、众安保险等，它还会搭建更广大的金融服务平台，吸引外部更低的资金和更优质的产品。此外，在为农户提供贷款上，蚂蚁金服还会选择与国开行、中华保险这类国资背景的金融机构合作，只追求为农户提供更合适的金融产品。

目前，蚂蚁金服已经为2000万户的农村市场用户提供了融资的服务，为1.2亿户的农村市场用户提供过保险服务，为1.4亿户的农村市场用户提供了支付服务。

第二，京东的小闭环。

同样是电商平台背景，相似的金融业务布局，京东金融一直紧追蚂蚁金服，农村金融不仅是京东金融布局未来的战略之举，也是京东集团市场拓展的重要一环。

2016年4月初，京东金融在重庆申请的小贷公司已经开业，这是其专门为发展农村金融申请的一家小贷公司，其中各项贷款和票据贴现业务可通过线上在全国范围内开展。

同样是基于产业链融资，京东金融没有追随蚂蚁金服的大布局战略，而是在各个农业地区根据当地特色形成区域小闭环。以其"京农贷"为例，京东金融选择与担保公司、保险公司以及农资公司合作，京东金融除了根据自身的数据基础来判断行业风险和市场风险外，更多的风险控制基于合作伙伴对农户经营和还款水平的掌握。

山东大粮农业发展有限公司就是京东金融在山东试点的一个合作伙伴，可以为农户提供从种植到收割的全流程18个环节的服务。多年合作下来，大粮公司掌握了这部分农户每年的粮食产销数据，再通过长期的走访和调查，能为每位合作的农户形成一幅信用画像，以此为基础来向京东金融推介贷款客户。

出于风险控制的考虑，京东不为农户现金放款，而是将资金拨给类似大粮公司这样的线下经销商，将贷款发放嵌入产业链条，由经销商给农民购置生产资料。贷款期满，再由农户还钱。

在合作伙伴的选择上，京东金融更倾向于选择当地更有农村资源优势的合作伙伴。京东金融农村金融负责人洪洁向《财经国家周刊》记者表示，中国农村金融的最大问题是各个地区业态差异性太大，风险控制手段并不能完全复制，只能根据各地具体情况开展相应的金融业务。可见，寻找最熟悉当地情况的合作伙伴是关键。

按照规划，京东农村金融将打造农村金融生态圈，构建全产品链的农村金融，一方面覆盖农户从农资采购到农产品种植，再到加工、销售的全产业链金融需求；另一方面则聚焦农村消费生活环节，完整地向农户提供信贷、支付、理财、众筹、保险等全产品链金融服务。

目前，京东金融贷款、消费、理财等全方位服务累计为近20万户农户提供综合金融服务。此外，京东农村金融还将成立扶贫基金，联合国家扶贫办，为全国832个贫困县中从事种养业的贫困家庭建档立卡，提供无抵押、无担保的低息小额贷款。

第三，希望金融的普惠金融服务体系。

2016年，农村互联网金融方兴未艾，作为拓荒者，希望金融更是发展迅猛，截至2016年5月10日，平台累计交易额突破15亿元。经过一年多的稳健发展，希望金融依托千亿级产业集团新希望在优质资产方面的天然优势，发布了一系列的金融产品，致力于搭建普惠金融服务体系，打造农村综合服务生态圈。

新希望集团产业涉及农牧与食品、化工与资源、地产与基础设施、金融与投资四大领域，在海内外30个国家拥有分子公司超过600家，年销售收入突破900亿元，产业链上中小企业每年的资金需求高达数百亿元的规模。

希望金融作为新希望旗下唯一的农村互联网金融平台，利用先进的互联网技术，创新使用新希望产业集群30余年的大数据积累，与新希望生态全面融合，以较低的成本获取了大量安全、优质的借款资源。在互联网金融竞争日益激烈的环境中，希望金融凭借天然的农牧供应链优势，迅速脱颖而出，稳居供应链金融第一阵营。

借助新希望30多年的产业大数据，希望金融能精准地找到产业链上可靠的、有融资需求的优质借款对象。以"惠农贷"为例，这些与新希望长期合作的养殖户，在多年的合作过程中，双方的相互了解是深入而可靠的。

目前，希望金融已经形成了农业产业金融、农业供应链金融、农村消费金融和农业产业支付四大业务方向。农业产业链金融在相当程度上解决了涉农贷款"小、散、差"，银行不愿意做的问题；农业供应链金融由于存在上下游的联动效应，畅达的信息保证了相关各项投入能及时到位，促进了农民增收；农村消费金融则致力于满足农民日益发达的消费需求；农业产业支付作为"三农"贸易贷款结算工具，未来，还将开通各类生活缴费服务，为农牧业经营者量身打造一个集生产、生活、理财、融资于一体的生态闭环。

希望金融一直秉持"城市反哺农村"的理念，致力于为不同成长阶段的"三农"小微企业和农户提供专业化、多元化的金融服务。目前，新希望集团农牧主业已形成饲料、种苗、养殖、技术服务、金融服务、食品加工以及终端销售的完整产业链体系。直接或间接地服务于4亿消费者与500万户农户，在全国范围内有数万个肉食和农副产品销售网点，集团自有物流量达4000万吨。

在母公司深厚的农村市场基础上，希望金融组建了一支对"三农"有深刻理解的互联网金融团队，并采取了供应链金融、产业链金融和农村消费金融齐头并进的发展战略。首先，从经济结构来讲，在未来2~3年内农村经济将会呈一个上升态势；其次，从农村消费升级的角度来讲，农村肯定会像城市一样，消费升级的趋势不可逆转，这也是很多平台纷纷掉头下乡的原因；最后，农村消费金融不仅具备商业价值，还具备社会价值。

希望金融作为以金融服务为切入口的"三农"综合服务商，除了为农民提供融资服务、理财服务外，还利用自身在农牧行业的专业知识，开发了"养鸡助手"等辅助农民提高生产效率的工具。

"养鸡助手"是一款免费的、专业的养鸡软件，致力于全面提升养殖户的养鸡效率。目前，"养鸡助手"具有生产、账本和资讯三大功能，生产功能辅助养殖户随时随地快捷录入养殖数据，实现养殖系统的科学化；账本功能帮助养殖户时时刻刻统计分析养殖成本，实现养殖管理的精细化；资讯功能辅助养殖户第一时间掌握行业最新消息，挖掘潜在商机。

第四，可溯金融为农业提供高效的金融信息服务。

目前，一些专注于农村金融的互联网金融平台也在通过产业链的形式介入农村金融生态圈。例如，以"三合一"平台模式起家的可溯金融，既有专门销售农产品的电商平台，又有为"三农"融资的金融平台，还有投资理财平台。虽然起步时间不长，还未达到蚂蚁金服和京东金融的服务覆盖面，但也已经小有规模，在浙江、江苏、河南、贵州等地区大量扶持农业发展，成为传统金融机构的有益补充。

可溯金融的核心是为农业提供高效的金融信息服务，解决农民生产过程中的资金难题。同时利用大数据，解决农业数据的采集、存储、计算与应用等一系列问题，助推中国智慧农业的发展，这也是可溯金融的目标和创新亮点。

此外，农业生产、农产品行情也有很强的季节性和不稳定性。因市场行情、渠道不足、批发压榨等原因，优质农产品价格被大幅压缩，甚至出售无门。可溯金融首创三网合一，打通了"农企融资＋农产品销售＋数据可溯"的产业链环节，在经济、销售、信息数据方面对农业产业给予全方位的支持，快速而稳固地推动着中国智慧农业生态圈的形成和发展，在农业金融领域走出了一条个性化道路。

以互联网金融助力农业发展，以实现农村金融的普惠为己任，以大数据和互联网信息服务引导农产品生产、销售，以打造智慧农业产业生态圈为主要发展方向，是可溯金融在"互联网金融＋农业"领域的大胆尝试和探索。

两年时间，可溯金融让更多的投资者看到了农业产业投资的前景，也帮助了更多的农业企业实现了良性的生态发展。越来越多的互联网平台加入助推农业金融发展的行列。模式的创新，将决定平台未来的发展和农业现代化大愿景的实现。

有专家指出，目前来看，基于整体农村市场信用记录的缺失，新金融机构在其他供应链金融、消费金融领域积累的数据记录、风控模型都暂时无法应用于农村金融领域。如何建立一个有效的风险控制体系将是阿里们的首要问题。因此，打造一个普惠金融体系，培养用户消费习惯，满足大多数农户的贷款需求已势在必行。农村金融既是蓝海，也是一片有待开发的金融处女地，其市场足够大，但高风险亦不可回避。想要争抢这块蛋糕，各家机构势必要做好长跑的准备。

互联互助构筑农村崭新金融生态圈

加速推进"互联网＋现代农业"的关键，在于让广大农户以及农村经济体以最自然的方式"拥抱"互联网。目前，与农村生产、生活息息相关的一些金融信息化服务正在以润物细无声的方式给农村带来改变，为"互联网＋现代农村"的全面落地打开突破口。笔者收集了安徽、山东、湖北等农村地区的一些农副产品收购、便民缴费、农民工工资下发等方面的案例，力图展现一幅当前农村地区金融信息化发展的全景图。

❖ 家门口的自助小银行

山东临沂是革命老区，临沂河东在 2013 年已经有 82 家服务点打造"村口银行"。立秋时节,河东区八湖镇高柴河村蔬菜脱水厂个体老板高守三在村口农民金融自助服务点提取了1.7万余元,支付给刚刚给他送来一车大蒜的苍山经纪人颜丙青。高守三以前去3公里外镇上的支行取钱,来回走路加排队得个把小时,现在有了"村口银行",前后不到15分钟就完事,省时省力。

临沂河东区是农业大区,农民对金融服务的需求有额度小、数量多等特点。以八湖镇为例,每年的6月中旬到9月中旬是大蒜脱水加工的旺季,买卖大蒜的农民和商贩常常在银行排起长龙,而小麦、农资等财政补贴领取又容易扎堆进行,群众感觉十分不方便。结合群众需求,该区依托农村信用合作银行,根据辖区内行政村分布情况,合理规划设置农民金融自助服务点。2013年上半年,河东区82家农民在金融自助服务点办理业务71.68万笔,金额3.5亿元,农民自助终端存款余额10.3亿元,较年初增加1.9亿元。

此外,临沂老区农村银联商务的"助农金融自助终端"让农民们足不用出村,在家门口就能实现小额取款,同时该终端还具备信用卡还款、转账汇款、话费充值、公共事业缴费等多种支付功能,就如同一个迷你的自助银行,可以满足村民各类基础性金融服务需求。

地处偏远的山区农村,往往是金融服务的薄弱地带。当地的农民平时要取款,就算是去最近的银行网点也要跑上几十甚至上百里地,一来一回就是数个小时。如何让广大农村居民减少出行成本,在家门口就能取到现金?村民经常出入的供销社、小卖部、村委会等场所,就成为第三方支付机构布放助农服务终端的首选网点。银联商务现在已经在全国万村千乡铺设了3万多个"全民付"助农取款网点,最近还与农业科技企业"大北农"合作,将涵盖取款、便民缴费等金融服务的"助农金融自助终端"布放在全国县乡农村地区的4万多家客户门店,全方位覆盖农民生产和生活圈的农村金融服务网络已经初步形成。

值得一提的是，在这些助农金融自助终端上，有些地区的村民还能直接购买由保险公司担保品质的种子、化肥、农药等农资，在家里等待供销社送货上门。助农服务网点就像是深入到农村地区的金融服务小"基站"，多年来源源不断地将一系列围绕支付的金融服务产品辐射到广阔的农村地区。

◈ 农副产品收购中的移动支付

湖北省随州市三里岗镇吉祥寺村是该省最大的香菇种植、加工、集散和出口地，香菇贸易相当红火，是远近闻名的"香菇村"。过去，走村串乡的菇贩和菇农之间、菇贩和菇贩之间多是"一手钱、一手货"的交易模式，交易频繁且金额较大，菇贩往往需要随身携带大量现金，不仅存在安全隐患，而且现场点钞、验钞的交易过程更是烦琐。

2014 年，在当地政府及中国人民银行的支持下，银联商务将旗下的全民付"易 POS"刷卡终端引入到了"香菇村"及当地各个香菇交易市场，现在菇贩们只要随身携带一台"易 POS"终端，通过蓝牙连接到智能手机，根据提示刷银行卡、输入密码，几分钟就能完成几万元乃至几十万元的款项支付，款项实时进入农户账户，电子签购单还可发到菇农的手机上，交易凭证看得见、易保存。整个过程安全便捷，不仅免去了清点现金的麻烦，还极大地提高了交易效率和资金周转效率。

同时，这款仅有名片盒大小的全民付"易 POS"终端还能为菇贩及菇农们提供银行卡余额查询、涉农补贴查询、卡卡转账、手机充值等基础金融服务，使远离城市的农户也能享受到便捷的移动支付服务。

随着互联网网络的铺设和智能手机的普及，银联商务利用全民付"易 POS"终端刷卡器、智能多媒体终端等现代化支付方式，在诸如湖北的"香菇村"、云南茶山、安徽茶园等偏远农村地区搭建起电子支付受理环境，为传统金融难以覆盖的长尾群体提供基础金融服务，让"支付＋"系列产品成为助农扶农的好帮手，同时助力普惠金融在农村地区生根发芽。

❈ 炕头上享受掌上金融服务

躺在炕头上就能用手机了解农业新闻、学习新农技、销售农副产品、购买农资和生活用品，这种"城会玩"的场景对于农民来说不再遥不可及。如今市面上逐渐出现一些专门面向农村市场的 APP，让广大农民及涉农企业都能享受到移动互联网带来的真正红利。

以银联商务刚刚推出的"全民惠农"APP 为例，除了延续"全民付"线下助农服务网点的银行卡转账、手机充值和水电煤缴费等基础金融服务功能外，"全民惠农"还将业务功能细化和下沉，深入契合农村地区对农业资讯、农业技术、电商、融资理财、社交 + 社区服务、进城务工等与生产和生活息息相关的各类需求，给"互联网 + 农业"打造出一揽子掌上服务解决方案。

这种 APP 操作很简单，只要用手机号注册一个账号，"全民惠农"APP 就能成为农民朋友随叫随到的"小帮手"：农耕时，农民不用出村，随时可以给手机充值、转账汇款；不用掐着点看电视，就能查看天气，知晓最新的农业政策，将来甚至还能就技术问题在线跟农业专家交流；农收时，根据"全民惠农"提供的当季农产品价格，结合自家地里的收成情况，就能对当年的收入心中有数；农闲了，想要进城务工贴补家用的农民，可以实时了解全国各地最新的招工信息，做到务农打工两不误。

"全民惠农"APP 还上线商城，不仅可以通过信息撮合和精准匹配实现商超对接来解决农产品销售难的问题，而且还可以提供日用品和农资下乡服务来满足农民的日常生产、生活需求，使农村地区的交易方式从被动等待转为主动出击，实现足不出户就可在线交易。

类似于"全民惠农"的 APP 今后将成为农村金融服务体系中的一支最强劲生力军，不仅为当地农户打开通往外界的信息窗口，也为农村地区生产经营搭建了连接上行、下行的互联网化整合通路，为"互联网＋农业"铺就一条康庄大道。

◈ "支付＋"给农民工吃上定"薪"丸

国家统计局公布的《2015年农民工监测调查报告》显示，2015年全国农民工总量为27747万人，被拖欠工资的农民工所占比重为1%，比上年提高0.2个百分点，其中建筑业农民工被拖欠工资的比重高达2%，较上年提高0.6个百分点，是名副其实的"重灾区"。

来自四川的农民工老张，目前在安徽省马鞍山市当涂县东部新城安置房项目施工现场做木工，尽管半年里换过两个工地，老张的工资卡里还是每月都准时收到了应得的工资。他以前没少碰到拖欠工资的事儿，现在就算是换工地干活，每月都能按时领到工资，心里觉得很踏实！

马鞍山市可以说是根治农民工欠薪顽疾的"第一个吃螃蟹"的地区，市委建筑管理处、建设企业和银联商务共同签署了三方监管协议，开设专门监管账户对建设单位的工程用款、农民工工资等进行专项监督管理，从源头上保障农民工工资款实时在账不被挪用。

而每一位在马鞍山建筑工地务工的农民工，可在市建管处领取"务工服务卡"，这张卡不仅具有考勤功能，还绑定了农民工的个人身份证、银行卡号。通过工资账户身份验证、银行卡账户批量支付等，银联商务每月按时将工资精准发放到农民工的个人工资银行卡中，从而形成完整的工资支付闭环，为农民工吃上定"薪"丸。

更贴心的是，农民工无论换到市内哪一个工地务工，都可以使用同一张"务工服务卡"和银行卡进行考勤和领取工资。

在上线最初短短3个多月内，银联商务就已为马鞍山41家建筑企业成功代付农民工工资3389笔，累计支付工人工资7699.75万元。"支付＋"的解决方案已成为政府监管部门大幅提升公共服务能力的有力引擎。

农村信用合作社的农村金融生态圈新模式探索

没有农村的小康，就没有全面的小康。作为农村金融服务的主力军——农村信用合作社（以下简称"农信社"），经历了 60 多年的风雨历程，体制机制仍变化无常，仍未走出一条稳定的普惠金融可持续发展之路。单个农信社法人机构仅能算小型金融机构，全国加起来却是庞大的群体，对国家稳定、经济发展的作用举足轻重。下面我们以威远农商银行生态圈建设实践为例，研究农信社（农商行）可持续的普惠金融服务，并借鉴日韩农协的成功经验。

◈ 威远农商银行的农村金融生态圈新模式探索

威远农商银行率先推进改革和金融服务创新，打造百里现代农业金融服务示范带和 30 公里创业创新金融服务示范路（以下简称"示范带示范路"），探索支持大众创新创业融资新模式，取得了良好的社会效益。截至 2015 年 9 月末，威远农商银行向"示范带示范路"金融服务示范区投放贷款 18.5 亿元（占全县金融机构"示范带示范路"投放贷款额的 95.23%），"示范带示范路"沿线 5 个镇 2015 年前 9 个月地区生产总值高于全县平均水平 8.95 个百分点，农民人均可支配收入高于全县平均水平 2.08 个百分点。

第一，探索"政府 + 金管 + 农商行"合作模式，促进经济金融良性互动。

威远县政府提出，要坚持多元化战略，通过加快发展电子商务，大力实施"回家工程"，持续推进科技创新，积极开展"互联网＋"行动，推进大众创业、万众创新工作。威远农商银行积极融入威远县发展电商、"回引工程"、"双创"工作和谋求经济转型升级的战略规划中，与打造服务快捷的普惠银行、解决客户金融服务最先一公里和最后一公里的举措结合起来，提出"打造'示范带示范路'金融服务示范区，构建支持大众创新创业融资新模式"的思路，通过共建共创"返乡创业金融服务示范园和大众创业万众创新示范街、示范园，以及百里现代农业金融服务示范带"，形成了"政府＋金管（人民银行、银监、办事处）＋农商行"合作模式，促进经济金融良性互动。"示范带示范路"涉及的 5 个镇、45 个村经济总额占 5 个镇的 95.3%、威远全县的 34.63%，充分证明发展普惠金融具有良好的经济效益和社会效益。

第二，探索"产业链＋贸易融资"定制模式，信贷资金安全运行。

在"示范带示范路"金融服务示范区，威远农商银行通过对东工水电、银星实业、四川威玻、威宝食品、金四方果业、缔铂酒业等企业，采取贸融保函、贸融贷款、贸融票据措施，既解决了企业融资中无有效抵押物的问题，又确保了信贷资金封闭安全运行。初步形成无花果、萝卜、青菜、大头菜、生姜、果酒、生猪、机械制造、新材料等产业链金融，取得了明显成效。2015 年前 9 个月，"示范带示范路"示范区内以周萝卜、金四方等为代表的绿色食品实现产值 16.3 亿元，同比增长 21%；以东工水电为代表的机械加工实现总产值 10.2 亿元，同比增长 16.7%；以百胜药业为代表的生物医药业实现产值 1.02 亿元，同比增长 11.8%；以三帝、白塔为代表的陶瓷行业实现产值 20.7 亿元，同比增长 35.6%；以威玻为代表的新材料实现产值 60.40 亿元，同比增长 13%。

第三，探索"金融＋互联网＋经济实体"营运模式，对接新经济时代。

威远农商银行提出推进"金融＋互联网＋经济实体"营运模式，主动对接县政府制定的互联网＋工业、农业、电子商务、旅游、民生服务、创新创业等 12 个领域；主动争取首批参与、实施省联社 O2O 惠生活平台，目前已引导威远本地 101 户实体企业加入其平台；主动联系阿里巴巴农村淘宝、西南网贸港赶场小站、威远县零距离生活网和"12349 健康养老"等本土电商平台；加强电信、移动、保险、电业、水务、民政等合作；开通了"今必通"业务预约平台、卡贷通业务，推进社区银行、手机银行、网上银行广泛应用。实现了镇街有 ATM，村社商户有 POS 机和 EPOS 机，家家户户有网上银行、手机银行和蜀信卡。客户自助银行办理率近 70%，最高的网点达到 94.91%。初步搭建起信贷支持平台、支付结算平台、便民生活服务平台。

第四，探索"政府＋银行＋社会"诚信模式，建设区域生态圈。

威远作为传统工业大县，正在经历转型升级的阵痛期。在经济上行的前几年域外银行过度授信，部分企业转移贷款用途、参与民间借贷；在经济转型的当今，域外银行大举撤退或只收不贷以及各种形式的压贷，造成银行与企业之间的信任关系趋紧。

"示范带示范路"金融服务示范区内的农业、工业、商业企业对威远农商银行的依赖度、信任度很高，甚至达到 100%。在这轮经济转型中，"示范带示范路"金融服务示范区内所涉及的镇西、向义、新店、界牌镇企业和居民户的生产经营正常、收入显著增加，不良贷款"双降"，形成了威远区域金融生态示范圈。威远农商银行对诚实守信的客户保证不压贷、不惜贷、不惧贷，利率优惠。如对这些企业和农户利用人民银行支农支小再贷款、再贴现降低贷款成本。为新店镇民富村每年授信 4000 多万元反季节生姜贷款，该村仅生姜收入达到 1 亿多元、农民人均收入达 3.5 万元。例如种姜户刘虹在威远农商银行获信用贷款 50 万元，购姜种 170 余吨，生产反季节生姜近 300 吨，实现产值 500 多万元，纯利润达到 50 多万元。

❈ 日韩农协的成功经验

虽然世界各国的农业合作社形式各异、各具特色，但农业合作的体系最完善、运作最规范、对农民和农业生产发挥作用最大的当属日本和韩国。研究发现日本、韩国农协任务与蓝图明确、组织体系清晰、参与面广，这些都对我们具有启示意义。

日韩农协组织架构一般包括三大块：教育支援部门、经济部门（与我国供销社类似）、金融部门（银行、保险、证券、期货等）。农协会员占了全国农户的80%以上。日本、韩国采取强硬措施保护农民利益，特别是保护农产品价格。在《中韩自贸协定》中，明确提出大米不列入其范围，韩国大米价格是中国的5倍。即使丰收年，农产品特别充裕甚至过剩，价格都不会降。韩国曾出现了蔬菜过剩用推土机把蔬菜压在地里的场景。

日本从"二战"结束到20世纪70年代中期，用了不到30年的时间就基本实现了农业现代化，一个关键的原因就是日本充分吸收西方发达国家发展农业合作经济、促进农业现代化的经验，独创了一套适合本国国情的农业协同组织（简称"农协"）制度。其特点是：自上而下独立完整的体系；在农业生产资料供应、农业技术推广、农产品销售、农村金融保险等方面为农协成员提供产前、产中、产后的社会化服务；发展成为代表农民利益的准政治团体，一定程度上甚至可以影响国家政策。韩国学习和借鉴了日本的农协制度，其运作方式与日本相同。

韩国的"新村运动"即得益于农协的有效运作。日韩农协是日韩农业经营体制的一大特色和骨干力量，在发展农村经济，提高农业、农村和农民地位，推进农业现代化方面起着不可替代的关键作用：一是将分散的小农生产者组织起来，参与市场竞争，有效地解决小农户与大市场之间的矛盾，充分满足小农户在生产要素供给和农产品销售等方面的需求；二是代表小农生产者与大集团、大企业谈判，维护小农生产者在市场竞争中的经济利益；三是代表农民阶层与政府谈判，影响政府政策，提高农民阶层的社会政治地位，维护农民的政治利益。可见，日韩农协是农民自己的组织，其作用基层政府和农业产业化的龙头企业难以替代，也是其他社会组织难以取代的。

日本农协银行（农林中央金库）和韩国农协银行的组织架构、运行模式、税收优惠政策、利润反哺农民农业等也很有特色。除政府每年给农协补贴外，农协银行税收减免且赚的钱补助农业生产、分配给农民。日本农协银行到 2015 年 3 月存款 93.6 兆日元，其中 64.2 兆日元购买国外的债券，赚的钱分配给农民（日本存款利率为 0.02%）。同时，日本农协银行还代理政策性银行贷款。韩国农协金融控股 NH 农协银行、NH 农协生命保险、NH 农协财产保险、NH 投资证券、NH 农协 CAPITAL、NH 农协期货、NH - CA 资产运用、NH 储蓄银行 8 家子公司。日本、韩国农协银行的一个共同特点是政策扶持、税收减免、混业经营、对接世界、扩大盈利，纵向中央到地方组织体系健全，横向与农业生产销售紧密相连，确保普惠金融服务的可持续性。

日本、韩国农协银行的发展给我们的启示有三条：第一，任何国家都存在弱势产业和群体，需要提供相应的金融服务和资金支持；第二，普惠金融的实施需要国家层面提供强有力的多样性的政策优惠扶持，这是由服务对象的包容性和自身发展的持续性所决定；第三，从事普惠金融的机构和人群，必须具有较高的团队聚合素质且具备敢于担当的奉献精神。

中国农业银行积极构建 B - B - C 农村金融生态圈

中国农业银行作为深耕"三农"的主力军，长期在农村积累渠道网络、客户资源和产品体系，这是"三农"互联网金融重要的基础和优势。近年来，中国农业银行高度重视互联网金融带来的挑战和战略机遇，采取多项措施积极推进农村互联网金融的创新与发展。

为进一步做好农村基础金融服务，中国农业银行积极引进互联网技术，依靠电商平台与县镇级批发商、农资企业形成双边合作关系，向下融入农户日常生产生活，构建 B（批发商）－ B（零售商）－ C（农村客户）的农村金融生态圈。

◈ "金穗惠农通"打通"最后一公里"

"金穗惠农通"通过在农村地区的农家店、小超市、供销社、医疗服务站等便民场所设立服务点，布放转账电话、POS 机等电子机具，使广大村民"足不出村"就能享受到银行提供的查询、取款、转账、缴费等金融服务，打通了农村金融服务的"最后一公里"。

"金穗惠农通"工程的基本机具类型是"银讯通"和"智付通"。

为改善农村地区金融服务环境，中国农业银行在四川省试点推出了"手机 APP（应用软件）＋移动支付盒子（支付机具）"的新型农村移动金融解决方案——银讯通。通过将手机与线下服务点相结合，打造升级版的村级社区银行，使农户更便捷地享受小额存取现、转账结算、代缴费等服务，业务范围涵盖新农保（合）、财政资金、财政直补资金以及各类涉农补贴等代理，具有设备投入低、应用加载灵活、可持续运营等特点。同时银讯通产品还搭载"支付结算、项目代理、贷款催收、产品营销"的惠农高速公路。截至 2015 年 8 月，农业银行已累计布设银讯通服务点 1.13 万个。仅 2015 年前 4 个月银讯通交易量就达 408 万笔，交易额达 9.4 亿元，深受农户欢迎。

智付通（原转账电话）业务是指农行推出的以签约方式绑定客户结算账户，通过智能支付终端向客户提供查询、转账、缴费等金融服务的银行业务。

企业版智付通主要服务于企事业单位和专业市场客户，以签约方式绑定客户的银行结算账户，依据银行卡密码为签约客户提供转账、查询、缴费、贷记卡还款等服务功能。

智付通重点客户为：现金交易量大、资金进出频繁，经常到银行办理转账业务的专业批发市场商户；资金进出量大、希望公务报销中不使用现金的企事业单位财务部门；经济条件较好，日常有较多资金进出，时间效率要求较高的农业银行优质个人客户；转账汇款要求方便安全，操作简单的客户；"三农"金融服务点客户。其主要满足农户自助贷款、还款以及存取现金等业务需求。

金穗智付通产品有以下亮点：一是一机两用、操作简便。智付通可一机两用，随时可办理查询、转账、缴费等业务，又能拨打电话，业务操作简便。二是免除客户跑银行排队之苦。开办金穗智付通业务后，客户可不到银行自助办理业务，免除跑银行排队之苦，企业事业单位可减少备付资金，个体商户可避免收取零钞和假币。三是资金实时到账。金穗智付通办理转账汇款时，资金实时到账，可提高资金流转效率。四是交易费用低廉。目前金穗智付通收费低于柜台收费标准，本行同城免收手续费，异地或者跨行按交易金额的0.4%收费，最低每笔1元，最高每笔20元。

为适应移动金融发展新形势，中国农业银行还将大力推广以"银讯通"为重点的农村移动支付模式，将"银讯通"与"智付通"共同作为"金穗惠农通"工程的基本机具类型，优先选择偏远、不通固话的地区推广应用"银讯通"，通过运用移动互联网技术，借助智能手机，开发模块化、应用场景广的 APP 应用程序加载于智能手机，使农村客户足不出村即可享受小额存取现、转账结算、缴费等金融服务。

为适应服务"三农"新形势和互联网金融发展新态势，中国农业银行于2015 年 8 月出台《关于加快推进"金穗惠农通"工程创新升级的意见》（以下简称《意见》），根据《意见》，农业银行将总结前期探索实践模式，以"金穗惠农通"工程现有服务点网络为基础，引入互联网、移动互联网新技术，从惠农卡功能丰富、电子机具更新换代以及工程与互联网金融、移动金融对接四个方面进行创新升级，进一步拓展代理业务和综合服务功能，为县域和农村地区客户提供包括基础金融、电子商务、投资理财等在内的线上、线下一体化金融服务，增强工程便利性、有效性和竞争力、生命力。

为了让惠农卡更实用、好用，中国农业银行将积极推进惠农卡功能升级，着力实现客户分类管理和高端客户差异化服务，并新增"存贷通"功能，向农民推广惠农卡专属理财产品，进一步扩大惠农卡服务收费优惠。

中国农业银行还将加快传统电子机具更新。加快布放总行版"智付通"机具，持续完善机具功能，在电子机具上增加助农现金汇款、助农转账汇款功能，提高助农取款额度；加载农村社保、水电气、有线电视等费用的代收代缴功能，力争所有代理缴费均能在服务点办理；提升"万村千乡市场工程"农商通机具功能，对接电商平台，提升机具业务处理能力。

针对互联网金融发展新态势，中国农业银行将推动"金穗惠农通"工程与电子商务对接，做好"E农管家"、"四融"平台等模式的推广应用；以农村商品流通领域上下游商户商品购销、农产品直销、农资经销为切入点，引入互联网技术，建设农村本地化、互联网式"三农"电商服务平台，为县域和农村地区客户提供线上线下一体化金融服务。

◈ "E农管家" + "四融"服务平台，搭建"三农"特色电子商务网络平台

"E农管家"是中国农业银行推出的全功能"三农"电子商务平台，融合惠农通服务与电子商务，实现"三农"电商线上线下便捷支付多元化，支持电脑、手机、平板等多场景应用客户端，广泛连接农户、农家店、县域商

家，构建了集电商、金融、缴费、消费于一体的"三农"互联网金融生态圈。"E农管家"在湖北省首推运用，已进驻省内县域大型批发商 800 余户，实现了省内 69 个县域全覆盖，推广下游农家店 2 万余户，已有 5000 多个"金穗惠农通"服务点应用"E农管家"进行互联网化升级。至 2015 年 3 月末，湖北分行"E农管家"营销县域上游批发商 718 户（均为年销售额 3000 万元以上的优质大型批发商），实现了全省 68 个县域全覆盖，推广下游农家店 18561 户，交易额 3 亿元。河北、河南、黑龙江、福建、江苏等地的分行也试点上线了"E农管家"平台。

集"融通、融资、融智、融商"于一体的"三农"、"四融"平台是中国农业银行在甘肃省探索推出的互联网金融服务"三农"新模式。通过借助"金穗融商通"触摸式自助服务终端，可为农企和农户提供覆盖产前、产中、产后的集信息发布、交易撮合、农资采购、农产品销售、物流配送、支付融资于一体的全方位服务。"四融"平台自 2014 年 10 月投产上线以来，已建设服务点 857 个，2015 年前 3 个月交易 2.8 万笔，交易金额达 4222.6 万元。

◈ "数据网贷"创新小微企业金融模式

为更好地开展涉农贷款服务，中国农业银行创新推出"数据网贷"。"数据网贷"首先在农行山东、深圳等分行试点，产品着力突出客户"自金融"体验，实现了全程网上操作。贷款企业只需在首次贷款前提交相关资料并完成网上注册，在随后一年内办理单笔贷款时无须再提供其他资料。贷款的申请、审核审批、放款、还款等环节均实现互联网在线操作，业务流程简便、期限灵活、随借随还。

"数据网贷"借助互联网手段和大数据应用技术，对大型优质核心企业上下游贸易关系稳定、履约记录良好的中小微企业客户提供短期融资服务。"数据网贷"破除了传统金融体系中小微企业的贷款准入、审批、担保等难题，建立了重信用、轻担保、无抵押的中小微企业普惠金融新模式，为破解涉农企业（农户）、小微企业融资难题提供了一条新路。

商业银行如何构建农村本地移动金融生态圈

随着农村地区经济发展和国家城镇化战略的推进，众多商业银行都将目光投向了农村金融市场。商业银行走出产品同质化竞争的"泥潭"，需要了解什么是"移动金融"，发展移动金融的路径，最重要的是把握农村市场发展本地电商的商机，研究构建银行移动金融生态圈的战略与总体思路。这几个方面是每一家涉足农村金融业务的商业银行都必须思考的重大课题！

❖ 移动金融的内涵

金融服务是商品交易派生出来的需求，与人的衣食住行等天然需求不同，如果不是必要，人们更愿意将更多的时间花在社交、聊天和消费的日常生活当中。移动金融能够更好地满足人的本性需求，自然、简单和直观的交互要求，让客户的体验更加接近其本性需求。移动金融充分利用人的这一特性需求，将金融服务无缝接入人们的各类需求当中，打造集移动消费、移动支付、移动社交、移动营销和移动理财等于一体的移动金融业务生态，润物无声地融入客户的生活，成为人们生活需求不可或缺的一部分。移动金融也因此具有较大的市场需求和发展潜力，成为当前金融科技创新的重要方面。

当前，手机等移动终端的智能化程度已较高，具有较强的处理能力，而且具有携带方便、随时在线的特点，为推广移动金融打下良好的基础。对于银行而言，手机银行是其发展移动金融的主要体现，依托移动通信网的高速访问，手机银行既是银行网点的延伸，又是服务渠道的拓展；既能充分发挥移动金融业务的便捷性，同时又可根据客户的需求，打造个性化的服务。

移动金融是科技和金融结合的产物，溯源于互联网的金融服务，它具有泛在性、即时性和信息融合的特征。泛在性是指移动金融可以无处不在，只要移动通信网络覆盖的地方，都可以开展移动金融服务；即时性是指移动金融打破了时间的局限，无时无刻不在提供金融服务；信息融合是指依托移动通信网络，金融服务机构和客户交流交互更方便、更及时，相互之间的信息共享更加透彻，在较大程度上减少了信息不对称的情况。

当前移动金融已经涉及零售、餐饮、交通等众多领域，互联网金融公司积极抢占移动金融，特别是移动支付市场，在金融服务方式的创新、服务场景的构建等方面展开声势浩大的投入和推广，不断侵入本应属于银行开展金融服务的领域。国内商业银行开始意识到这种挑战，积极推进移动金融创新，进行手机银行、微信银行的构建，推广相关特色金融业务。从多个层次、多种场景设计移动金融产品，使金融服务更加社交化、生活化和个性化，更加贴近客户生活的场景，将客户黏性需求发挥到极致。

◈ 商业银行发展移动金融的路径

商业银行要在移动金融领域中占据领先地位，必须从移动金融的理念和市场等层面出发，从移动金融体系、标准和技术上对移动金融进行更加前瞻性的研究，制定移动金融的标准，研发移动金融创新的产品，确定差异化竞争的路径。同时，要充分利用移动金融平台拓展营销空间，在客服理财、支付、购物等各种生活场景中，凭借社交化的传播速度快速扩展银行品牌，不断推广新产品、新应用，提高客户对银行的忠诚度。

第一，运用移动金融思维，转变业务发展模式。

随着金融市场的进一步开放、利率市场化步伐的加快和互联网金融的蓬勃发展，金融脱媒现象日趋加剧。银行既面临同行业的激烈竞争，又要积极应对互联网金融企业，并在移动金融领域攻城略地，传统的拼网点、拼人员、拼规模的粗放式发展模式已经难以为继。必须采取互联网金融和移动金融思维，加快经营和营销的互联网化和移动化，实现业务经营模式快速转型，借助移动通信网技术平台，转变业务发展模式，大力推进基于移动通信网的金融服务产品，打造银行核心竞争力。

第二，主导移动金融的话语权，构建金融生态系统。

移动金融的发展需要产业链和相关企业的协同发展、充足的技术支持和客户储备，以便构建移动金融产业链生态系统。商业银行要在监管部门的指导下，抓住移动金融的发展契机，构建未来金融的业务标准和技术标准，掌握移动金融的话语权，并成为移动金融的领导者。适时开发竞合思维，加强同业和产业链的深度合作，培育和拓展新的业务增长点，打造移动金融创新产品，提高金融业务的覆盖度和普惠性。

一是建设开放的移动金融平台。充分发挥移动互联网社交性、位置性、移动性，搭建在线金融、移动支付、商务应用和营销资讯等业务应用群，建设"四位一体"的移动金融平台。向分行和线上线下商户开放标准化的移动金融服务接口，支持分行特色应用开发，同时吸引第三方应用开发商推出嵌入银行核心金融服务的移动应用。

二是合作开发移动金融市场。银行要加强与通信运营商、手机制造商、第三方支付机构在移动金融领域的合作。通过集成移动商务行业制式应用，与各类商户开展O2O支付合作，开发卡券电子簿应用等方式，整合线上线下商户资源，打造银行自身的非接商圈和移动商圈。

三是优先发展手机银行客户端产品。推出涵盖市面主流操作系统的客户端版的掌上银行，结合智能手机多点触控、地图定位等性能，建立信用卡支付专区、特惠商户专区、移动支付商圈，推出优惠信息推送、网点预约、无卡取现、专属理财等服务。

四是全面推出移动支付产品。银行要加快研发 NFC、SIM、SD 卡多形态、多种模式的移动支付产品,鼓励各分行与银联、终端厂商、技术提供商和硬件提供商展开合作,深度挖掘手机二维码、手机刷卡器(掌 E 付)等现场支付方式的行业应用场景,推进非金融 IC 卡模式的移动支付业务的发展。

第三,全方位发展中间业务,建立可持续的经营发展模式。

移动金融推动了业务的快速创新,其无时无处不在的特点形成了不同于传统金融服务的全新体验模式,而且与社交网络、电子商务和微信、微博等紧密关联,并给银行提供了发展业务的契机。依托产业链的生态环境,商业银行可全方位地发展结算、理财等中间业务,加快提高银行中间业务的比例和质量,在当前严格的金融监管环境中,在以移动金融平台发展基本金融服务的基础上,探索金融中介服务功能,大力发展中间业务,建立高效、集约和可持续的经营发展模式,让商业银行的价值实现最大化。

第四,丰富移动金融场景,创新金融服务产品。

随着手机的广泛普及以及移动生活场景的日渐丰富,推广移动金融具有良好的基础。移动通信网的升级,使得网络速度和可靠性获得极大提升,移动金融也向场景化、社交化的服务方式发展,商业银行应充分利用手机银行的移动性、便捷性,持续进行研发手机银行、微信银行等新功能,创新金融服务产品,如各类付费缴费业务、网点预约排号、无卡取现等金融服务。同时创新推出声波支付、定位支付等新兴支付方式,丰富移动的应用场景,让金融服务融入客户生活中,充分体现移动金融无时不在、无处不在的本质特征。

第五,建立完善的客户视图,开展差异化营销。

不同的消费群体对移动金融具有不同的需求,银行既要提升对存量客户的维系,又要拓展新的客户。因此银行需要有效收集、分析与利用客户信息,建立完善的客户视图,充分分析客户对移动金融服务方式、移动金融创新产品及移动金融服务费用不同程度的偏好，在此基础上开展差异化营销，进行精准、个性化的移动金融产品推送，向客户提供高质量、体贴的金融服务，满足不同层次客户群体的需求，在移动金融时代激烈的市场竞争中赢得客户对银行移动金融产品的青睐。

第六，完善安全保障机制，加强风险防控。

移动金融是多产业链的金融服务，安全体系标准并没有完全成熟。移动金融涵盖了多系统的使用环境和多元的市场参与，各个环节之间衔接紧密，这就对技术安全和业务安全提出了很大的挑战。中国人民银行在 2012 年底发布了中国金融移动支付系列标准，确立了互联互通、安全可信的移动金融支付安全顶层架构，明确移动支付的技术要求与安全要求。商业银行应在其基础上，构建全面的移动金融信息科技风险防范体系，优化信息安全技术手段，建立和完善移动服务平台安全防控机制，完善业务连续性保障体系，加强应急演练，积极防控操作风险和道德风险。

❖ 商业银行需要把握农村市场发展本地电商的商机

2014 年 8 月 28 日，银监会印发《关于推进金融服务"村村通"的指导意见》，要求在全国乡镇基础金融服务全覆盖的基础上，进一步推动基础金融服务向行政村延伸，力争用 3～5 年时间总体实现行政村基础金融服务"村村通"，提升广大农村地区金融服务水平，加快农村地区普惠金融的发展。

在政府相关部门的号召下，虽然各家银行纷纷加快在农村基础金融服务领域的布局，但是从整体来看，目前仍存在客户黏性不高、缺乏对客户的有效绑定和尚未形成整体竞争优势的情况。具体来说，主要表现在以下几方面：金融机构在农村的代理服务点创收来源有限，积极性不高，可持续发展的内生动力不足，有的代理点同时拥有多家商业银行的机具，产品同质化严重，仅靠对代理点补贴金额的价格战，难以形成持续发展的内生动力；农村代理服务点比较分散，机具维护成本高，在一些交通欠发达地区，机具巡检维护一次路程超过 200 千米，需要两天时间，管理维护难度很大，且专职维护人员配备不足，导致机具的日常巡检基本流于形式，服务点培训无法做到位；没有形成排他性的整体竞争优势，发展政府涉农代理业务基础不稳，单靠政府"攻关"难以为继。

电商巨头加快了跨界进入农村金融领域的步伐，对商业银行的农村金融业务形成冲击。农村地区的电商需求是伴随着互联网技术和移动设备发展而产生的新兴需求。据统计，截至 2013 年底，在淘宝网和天猫上注册的农村网店就达 200 多万家。蓬勃发展的农村电商市场让扎根农村金融服务的商业银行喜忧参半。喜的是农村电商业务的发展为农村金融服务转型提供了新的思路。忧的是电商巨头一旦完成在农村地区的商业布局，必然会跨界进入农村金融服务领域，对商业银行的农村金融业务形成冲击。

那么面对互联网企业在农村金融市场的布局，商业银行怎样才能打造差异化的竞争优势呢？事实上，在电商巨头一时难以覆盖的农村市场孕育着发展本地电商的巨大潜力，农村小百货、小超市对电商服务存在需求，所以，已经扎根经营农村市场多年、具有强大线下优势的传统农村金融机构，可借机依托代理服务点和机具的优势，引入农村本地电商服务的源头活水，搞活农村金融市场，形成差异化竞争优势。

❖ 商业银行构建农村移动金融生态圈的战略与总体思路

互联网企业跨界进入农村金融领域，凭借电商服务积累的庞大用户群体和低成本，为众多被银行长期忽视的"长尾客户"提供理财、融资等金融服务，进一步割裂了商业银行与这些客户之间的联系，对商业银行的核心业务形成了冲击。

面对移动互联网以及移动智能终端在农村地区的日益普及，商业银行可以依托在农村的代理服务点和机具优势，通过引入农村本地电商服务，抢先绑定平台两端的批发商（县、镇级批发商）和零售商（农村小百货、小超市等），逐步将业务向上延伸到商业链的顶端；向下可以通过多种形式的移动智能终端将商业银行的电商和金融服务融入农民生产、生活的方方面面，连接线上线下（O2O），实现近场和远程一体化的移动服务，最终构建起G（政府）＋B（批发商）＋B（零售商）＋C（农户）的良性生态圈，形成差异化的竞争优势。

商业银行要把农村金融服务这盘棋走活，需要抓住移动互联网发展的契机，构建农村本地移动金融生态圈。总体思路是：在进一步提升农村金融服务和公共服务能力的基础上，引入农村本地特色的电商服务，为代理服务点打开创收空间，搞活农村本地金融生态圈，并通过移动互联网实现农村金融服务、公共服务、电商服务三个方面的整体升级和良性互动，全面提升移动互联网时代的农村金融服务水平。

商业银行构建农村本地移动金融生态圈要沿着平台战略的思路走，用一句俗语就是"先种梧桐树，再引金凤凰"。具体实施过程可分三步：

第一步"抢占入口"，以代理点和金融服务机具为依托，进一步丰富金融产品，提升金融服务能力，加快农村线下布局，赶在竞争对手之前抢占惠农通这个农村线下入口。

第二步"提升服务"，通过移动金融工程不断优化和完善金融服务体系，实现对农村的金融服务载体"银行卡"以及终端机具的统一管理和服务，支持农民使用多种形式的移动终端接入，建成直达农户的"金融服务高速公路"，进一步提升公共金融服务的效率和竞争力。

第三步"巢成凤来"，依靠庞大的农民用户群体以及完善的金融和公共服务吸引服务于农村的各种模式的中小商户入驻电商平台，最终构建起农村本地良性循环的移动金融生态圈。

参考文献

［1］贾君新，孙敏. 新金融逻辑——互联网时代的金融商业思维［M］. 北京：经济管理出版社，2015.

［2］霍学文. 新金融，新生态：互联网金融的框架分析与创新思考［M］. 北京：中信出版社，2015.

［3］屠沂枫. 新金融给我们带来了什么？［M］. 北京：机械工业出版社，2014.

［4］中国人民银行金融研究所. 新金融时代［M］. 北京：中信出版社，2015.

［5］第一财经新金融研究中心. 中国 P2P 借贷服务行业白皮书·2013［M］. 北京：中国经济出版社，2013.

［6］丁大卫. 新金融宣言［M］. 北京：中国华侨出版社，2010.

［7］姚文平. 互联网金融［M］. 北京：中信出版社，2014.

［8］其他资料来源：百度、搜狗、36 氪、钛媒体、红商网等.

后 记

安全与创新：拥抱"新金融"时代的两大核心

写完此书，有一个整体感觉：新金融最重要的是体现一个"新"字，而这个"新"是创造出来的，"没有什么比做好产品更重要，没有什么比用户体验更重要"，这句话反映了金融应有的创新动力。正是有了这个动力，新金融形态才得以形成并如火如荼地发展起来。

个人认为，通过创新拥抱"新金融"时代，需要创新主体把握好安全和创新两大核心。

第一，用安全迎发展。

一是坚守业务底线，稳健开展各项业务。"新金融"时代的创新，最重要的一点是守住业务底线，即使尚无明确规则，创新活动也应遵循金融业务的一般内在规律和行业准则，秉持行业操守。例如，银行卡业务尤其是信用卡业务的开展，是一个从消费贷款到还款的过程，其核心是金融。无论该项业务是通过传统金融的途径，还是基于互联网的形式开展，均应遵守相关的金融业务规范，符合金融制度要求。

二是积极开拓思路，将风险管理贯穿全过程。无论是互联网还是金融，风险管理都是重中之重。"新金融"背景下，风险管理将更复杂，既有传统金融风险，又有新金融的特殊风险。同时，区块链、云计算、大数据、移动互联网等新技术的发展，也丰富了风险控制手段，降低了风险控制成本。"新金融"时代的创新主体应该突破传统风险控制的思维，通过技术和管理创新，提升风险管理水平。

三是统一行动，加强客户风险防范意识。面对层出不穷的欺诈手段，客户往往缺少自我保护意识和保护手段。因此，创新主体必须注重投资者教育，担负起保护客户安全的这份社会责任，做好知识普及与宣传，为新金融的健康发展夯实基础。

第二，用创新抓机遇。

一是提供场景化的综合服务体验。新形势下客户需求日渐综合化，除了"存贷汇"等传统需求外，还希望能够"一站式"获得理财、基金、保险等金融服务以及商务、生活、社交等非金融服务。因此，创新主体应秉承创新理念，打造灵活的金融消费场景，积极采用移动互联网等技术手段，为客户提供更全面、更友好的综合服务体验。

二是推进平台化的运营管理升级。"新金融"背景下，资金流、信息流、物流乃至服务流备受重视，成为企业重要的竞争要素。打造平台，开展平台化的运营管理升级，获取、利用、经营这些竞争要素显得越发重要。因此，创新主体要积极建设新金融平台，升级运营管理，以有效整合各方资源，为客户提供值得信赖的服务。